Fatti conoscere!

- Scatta una foto selfie in compagnia del tuo Manuale tecnico del monopattino
- Inviala alla pagina ufficiale Instagram gfelettronica
- In poche ore la vedrai Sulla nostra bacheca ufficiale e se la foto è davvero di qualità anche nelle stories con TAG al tuo profilo instagram!

Scansiona il Qr code e segui la pagina
GFELETTRONICA BY FOX

V.1.0. Anno 2021/22

KUGOO KIRIN G1

- Motore 500W
- 100% Originale & Nuovo
- Batteria 13Ah
- Pneumatici 10"
- Velocità Max 40km/h
- Autonomia Max 40km
- Carico Max 120kg
- Peso 22kg
- Colore Nero/ROSSO
- Sblocco con NFC card
- Antifurto meccanico con codice
- Controllo Tramite APPlicazione
- SPEDIZIONE GRATIS CORRIERE ESPRESSO
- CONSEGNA in 5-7gg a casa tua

SOLO 100 PEZZI
550€

SUPER OFFERTA GRAZIE ALLA COLLABORAZIONE DI FOX TECH CON LA CASA PRODUTTRICE KUGOO

KUGOO KIRIN M4 PRO (mod. 2021)

- Motore 500W
- 100% Originale & Nuovo
- Batteria 16Ah
- Pneumatici 10"
- Velocità Max 45km/h
- Autonomia Max 60km
- Carico Max 150kg
- Peso 22,5kg
- Colore Nero/ROSSO
- SPEDIZIONE GRATIS CORRIERE ESPRESSO
- CONSEGNA in 5-7gg a casa tua

SOLO 100 PEZZI
499€

ACQUISTA IMMEDIATAMENTE IL TUO KUGOO

SCANSIONA IL QR CODE O INVIA UNA EMAIL per tutte le info/consulenze
AL : offer.fox@hotmail.com

Taglia,compila,e porta con te

PASS RISERVATO MONOPATTINISTA

La tua foto
Qui

Nome:________________

Cognome:________________

Modello Monopattino:________________

Potenza:________________

In Possesso Dal:________________

OFFICIAL

PASS RISERVATO MONOPATTINISTA

La tua foto
Qui

Nome:________________

Cognome:________________

Modello Monopattino:________________

Potenza:________________

In Possesso Dal:________________

OFFICIAL

Benvenuto nella Guida tecnica/pratica sull'uso e gestione di un monopattino elettrico by Fox Tech (Gfelettronica), questa semplice e completa guida ti aiuterà nella scelta, gestione, miglioramento del tuo mezzo di micromobilità elettrico. Torniamo all'inizio e studiamo un po' di storia del monopattino.

Non si ha una data precisa per la nascita del monopattino, ma già all'inizio dell'Ottocento vi erano principi di esso. I primi monopattini, da non confondere con i primi e rudimentali tentativi di realizzare una bicicletta, risalgono ai primi anni del 1900, quando negli Stati Uniti d'America vennero progettati e brevettati alcuni "scooter" (così gli americani chiamarono il monopattino) i cui principi sono stati ripresi su alcuni modelli prodotti anche nei giorni nostri. Competizione negli anni Cinquanta Inizialmente furono progettati come giochi per bambini, ma sull'onda dall'entusiasmo dello sviluppo industriale furono anche proposti, con poco successo, come mezzi di trasporto. Si delinearono subito due strade di pensiero: i monopattini puri e i monopattini meccanici. I primi mantennero fede ad un principio di essenzialità che caratterizza il monopattino: una tavola, due ruote, un manubrio e tanta voglia di spingere. I secondi invece furono attrezzati con i più svariati dispositivi meccanici per ottimizzare la spinta: leve e catene per imprimere una spinta maggiore, ruote con asse di rotazione decentrato per consentire una propulsione anche tramite il movimento del corpo, ecc. Ci sono memorie che ci raccontano che già nei primi anni Venti in Francia si svolgevano gare di monopattino, o trottinette. In Italia, a Milano, tra il 1948 e il 1954 la Lega

1

Vitt organizzò per i ragazzi delle parrocchie diverse edizioni del "Giro monopattinistico di Italia".

Dal 1970 in poi, tra Cervinia e Aosta, si organizzano varie edizioni delle 24 ore di monopattino. Dal 1987, ad Ivrea annualmente si svolge la "Tre Ore in monopattino", una tradizionale staffetta in monopattino per le vie del centro storico della durata di 3 ore. Dal 1996, il Gruppo Sportivo AVIS Ivrea organizza un vero e proprio campionato di monopattino che prevede gare a staffetta per squadre e gare individuali anche internazionali, tra le sedi nazionali, oltre ad Aosta e Cervinia, furono coinvolte anche Ivrea, Cavour e al sud Cava de'Tirreni. Nel 2001 nasce l'IKSA Eurocup, il Campionato Europeo di Footbike. Nel 2004 si svolge in Repubblica Ceca la prima edizione del Campionato Mondiale di Footbike.

Primo deposito di brevetti del monopattino elettrico

Le registrazioni mostrano che il primo brevetto per un dispositivo di trasporto personale elettrico, una motocicletta elettrica per caso, fu depositato alla fine del 1895 dall'inventore Ogden Bolten Jr. dell'Ohio, Stati Uniti. Il design di Ogden è grezzo secondo gli standard odierni, ma era rivoluzionario al momento della sua concezione.

Durante questa era nella storia dell'umanità, una delle più grandi fiere era lo Stanley Cycle Show di Londra, in Inghilterra. Durante lo spettacolo del ciclo del 1896, il produttore di biciclette Humber fece la prima esibizione pubblica di una bici elettrica commerciale. Questo ebike era alimentato da una serie di batterie che alimentavano la ruota posteriore e l'invenzione era controllata in modo rozzo da un dispositivo a resistenza variabile posizionato sul manubrio.

Nell'ottobre del 1911, la sempre più avvincente Popular Mechanics gestiva un pezzo che copriva una motocicletta elettrica e la riportava capace di 75 miglia di raggio in una singola carica, in grado di raggiungere velocità massime di 35 miglia all'ora (MPH) e in grado di essere ricaricata tra usi. Le specifiche di questo dispositivo non sono note ma illustrano l'epoca in cui la consapevolezza pubblica del trasporto elettrico inizia a prendere forma.

 L'Online Bike Museum spiega che l'Autoped, il primo scooter motorizzato prodotto in serie negli Stati Uniti, era "[e] essenzialmente uno scooter per bambini ingrandito con un motore montato sulla ruota anteriore". Sebbene alcuni rapporti affermassero che poteva raggiungere velocità di 35 miglia all'ora, il piantone dello sterzo azionava la frizione e il freno, che il museo annotò rendeva il viaggio "instabile" quando spingeva a 20 mph. Successivamente, una versione a batteria dell'Autoped è stata resa disponibile quando la Everready Battery Company ha acquistato l'attrezzatura. Il concetto dello scooter risale almeno un secolo prima al 1817 e al barone Karl von Drais de Sauerbrun della Germania. Dopo aver debuttato il suo primo giro a due ruote a propulsione umana, il concetto di velocipede è stato rapidamente trasformato in biciclette, tricicli e monopattini. Da pochi decenni, anche il trasporto fu motorizzato, con le unità a pedale posteriore che spuntano in Scozia intorno al 1840, secondo l'Enciclopedia Britannica. All'inizio del XIX secolo, anche le macchine a batteria stavano entrando nell'ovile; Ogden Bolton Jr. ottenne un brevetto statunitense per la sua bicicletta a batteria nel 1895.

Ma l'Autoped (e il suo predecessore di prima generazione, il Motoped) può essere visto come "i veri antenati dello scooter moderno", secondo il museo. È arrivato in un momento in cui non c'erano quasi norme di sicurezza per i veicoli a motore su strada. Mentre il Connecticut ha creato la prima legge sul traffico in tutto lo stato per regolamentare i veicoli a motore nel 1901 e New York ha introdotto le leggi sulla guida in stato di ebbrezza circa un decennio dopo, quando l'Autoped è stato lanciato, i semafori erano ancora a 15 anni dall'introduzione. Proprio come i loro equivalenti moderni sono venuti sotto il fuoco per essere giocattoli delle élite ricche, marketing del Autoped certamente portato un po 'di un elemento di classe.

Un annuncio pubblicato sulla rivista *Puck* nel 1916 - "Attento alla ragazza con l'autopedista" - raffigurava un'illustrazione di una donna bianca alla moda e benestante con un cappello favoloso, una pelliccia avvolta intorno al collo. La copia era chiaramente dopo uno specifico gruppo demografico: "Se tu fossi il tipo di persona che ha fatto la spesa per i regali nell'equivalente del 1916 del catalogo natalizio di Neiman Marcus (Hammacher Schlemmer, forse), un Autoped era sulla tua lista", spiega *Hemmings Daily*, il blog del mercato delle auto d'epoca. Ma l'Autoped non era solo un giocattolo dei ricchi. Proprio come la bicicletta prima di esso, l'avvento dello scooter a motore ha promosso un livello di libertà e mobilità per le donne che ha dato più peso al messaggio "Attento alla ragazza con l'automazione". A *Mashable*, Chris Wild racconta la storia della "suffragetta su uno scooter", Lady Florence Norman, che ha guidato il suo Autoped per lavorare nel centro di Londra. Nel frattempo, Amelia Earhart, la famosa aviatrice, è apparsa in più fotografie con l'Autoped in giro per la California, anche dopo che ha smesso di essere prodotto intorno al 1921. Con Earhart su di esso, è facile immaginare perché la didascalia di una di quelle fotografie dice: " nel prossimo futuro, ci viene detto, nessuno camminerà affatto ".

Le aziende hanno anche provato l'Autoped. Il miglior esempio potrebbe essere il servizio postale di New York, che utilizzava le giostre per consegnare la posta. Per la frustrazione della polizia, i delinquenti hanno visto la propria finestra di opportunità nell'agile macchinario, riutilizzandoli come veicoli per la fuga. "Gruppi di giovani turbolenti stavano presto terrorizzando i quartieri di Brooklyn, Queens e Manhattan", scrive l'Online Bike Museum, evidenziando il nome intrigante di Long Island Bogtrotters. Guidato dai "leggendari" Fat Burns, il museo osserva che il gruppo ha persino fatto un Yonkers Grand Prix con le macchine. "[L] egli primo e ultimo" di un tale evento.

L'Autoped era, forse, solo un po' 'in anticipo sui tempi rispetto a ciò che offriva. Dopo la Grande Depressione, l'azienda Cushman, che ha iniziato a produrre motori all'inizio del 1900, ha ripreso da dove si era interrotto il suo predecessore, trovando nuova utilità nella corsa tra quei pochi centesimi. Bloccata con un surplus di motori Husky durante la depressione, la società divenne creativa. Nel 1936, ha debuttato il Cushman Auto-Glide. "Un sottoprodotto della catastrofe del 1929, lo scooter è stato lodato per essere parsimonioso", ha scritto in seguito la rivista *Cycle World a* causa del suo prezzo e delle esigenze di gas. Una brochure è arrivata al punto di affermare che guidare un Auto-Glide era "NESSUN COSTO", aggiungendo: "Perché, in realtà è più economico che camminare". Alla fine, l'Auto-Glide e i suoi concorrenti furono perseguitati dagli stessi tipi di regolamenti che mandarono Peter Minton al tribunale del traffico nel 1939. Gli anni di " guida pericolosa " dei primi anni del 1900 stavano cambiando mentre i legislatori cercavano di entrare in possesso della giovane età dell'automobile.

1,192,514.

Patented July 25, 1916.

2 SHEETS—SHEET 1.

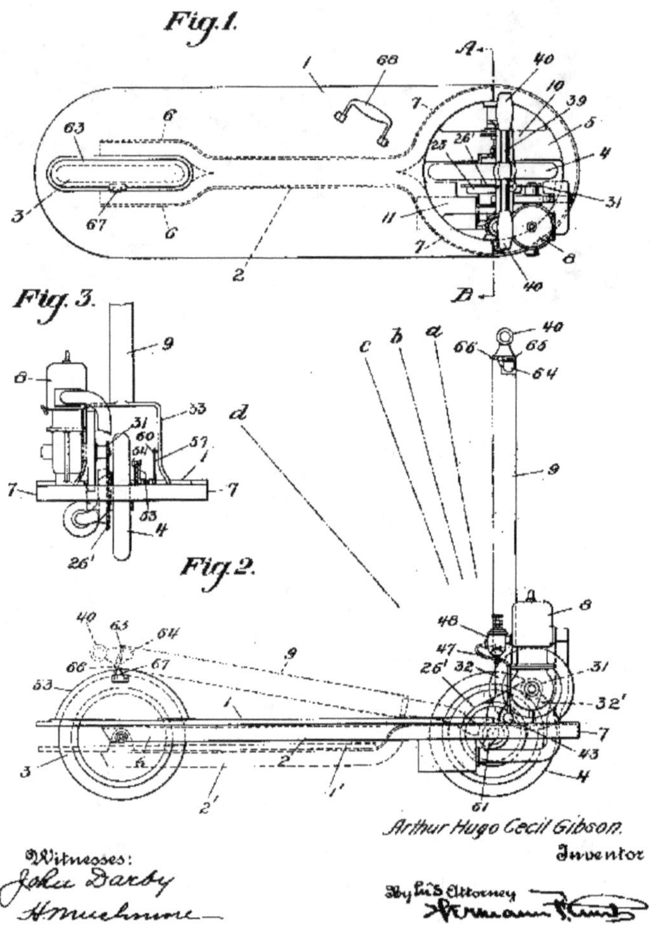

Il brevetto per il design del " veicolo semovente " è andato all'inventore Arthur Hugo Cecil Gibson, anche se sembra che Joseph F. Merkel, il progettista dietro la motocicletta Flying Merkel, abbia contribuito in modo significativo alla creazione del prodotto finale. Le giostre furono prodotte dalla Autoped Company of America, costituita per la prima volta nel 1913, che aprì un negozio a Long Island City nel Queens, New York, nell'autunno del 1915.

Prima compagnia di motocicli elettrici

La compagnia di motociclette Sovovel Electric, un soprannome dal nome molto lungo, fu fondata nel 1936 da due fratelli che vivevano a Bruxelles. Questa azienda ha continuato la produzione durante l'occupazione tedesca e ha riscontrato un notevole successo, per il momento, a causa del razionamento del carburante. Sfortunatamente, anche questa opportunità di mercato unica non è stata sufficiente per allontanare i consumatori da dispositivi più convenzionali dopo la guerra.

Record di velocità

Durante i decenni successivi la tecnologia di questi dispositivi elettrici ha continuato a evolversi e divergere in modi diversi. Il riconoscimento ufficiale del record di velocità su terra di motocicli elettrici di Karl Kordesch di 165 MPH è considerato un punto di riferimento storico di quando questa tecnologia alternativa alimentata ha colpito la consapevolezza generale tra i consumatori.

Primo scooter commerciale

Il primo scooter elettrico, disponibile per l'acquisto da parte dei consumatori, è stato prodotto da Peugeot e messo a disposizione dei consumatori nel 1996. Questo rivoluzionario dispositivo era caratterizzato da un motore CC da tre cavalli alimentato da tre batterie al nichel-cadmio, per un totale di 18 Volt a 100 Ah. Questo scooter pesava circa 250 sterline e aveva un'autonomia a una sola carica di 25 miglia (40 chilometri). Nota: questo design è per un dispositivo che rientra nella categoria di quello che considereremmo un motorino, non uno scooter elettrico pieghevole.

La nebbia della storia

La storia degli scooter elettrici è contrassegnata da molti tentativi falliti, da molti modelli meno conosciuti e dai dettagli spesso difficili da verificare delle aziende che non esistono più. Ad esempio, nello stesso periodo in cui è stato introdotto il primo scooter motorizzato, l'Autoped, la ditta Steirische Fahrzeugwerke A.G. ha anche introdotto l'Austro Motorette vicino all'Austria. I primi modelli di scooter elettrici, anche fino alla fine degli anni '90, erano per lo più disegni di grandi dimensioni spesso indicati come ciclomotori. Questi disegni più grandi hanno permesso che l'alloggiamento delle batterie di grandi dimensioni richieda operazioni a lungo raggio. La crescente popolarità degli scooter elettrici, come lo Zoom Stryder, può essere attribuita in parte ai progressi nella tecnologia delle batterie.

YouTube

FOX TECH
Tecnologia,Innovazione,Fai da Te per TE
Subscribe
I Love DIY and Tecnology
I Love DIY and Tecnology

Scansiona e Iscriviti al
Canale Youtube! Ti aspetto!

SCAN ME

YouTube

Questo e tanto altro lo trovi sul canale Youtube Fox Tech Channel

Iscriviti anche tu e segui tutti i miei progetti in prima linea!

Guardando verso il futuro

Viviamo in tempi eccitanti. La tecnologia avanza a un ritmo che è sconvolgente se paragonato alla nostra storia. L'era digitale è ampiamente descritta nel contesto di smartphone, tecnologia Internet e potenza computazionale. Uno dei sottoprodotti spesso trascurati di tutti gli eccitanti gadget che abbiamo oggi sono i progressi nella tecnologia delle batterie che hanno guidato. Gran parte di questi progressi nella tecnologia dei consumatori possono essere attribuiti ai progressi della tecnologia delle batterie. Gli scooter elettrici sono stati limitati in passato con batterie ingombranti o con design di acido al piombo meno performanti. I progressi della tecnologia agli ioni di litio hanno offerto un'opzione più piccola, più potente e più duratura che aiuta a spingere gli scooter elettrici ripiegabili alla ribalta della tecnologia di trasporto personale.

Questo Autoped del 1916 sarà venduto a Bonhams Autumn Stafford Sale il 16 ottobre 2016 con una stima di $ 1.000 a $ 1.500

Il prezzo più alto che possiamo trovare per averne venduto uno è di soli $ 13.750 (sopra - l'acquirente ha pagato un premio per l'acquirente oltre al prezzo di aggiudicazione di $ 12.500), che è stato raggiunto da Mecum alle aste di gennaio di Las Vegas all'inizio di quest'anno

Il futuro è batterie litio! Oggi tutto funziona a batteria!

Isciviti al corso pratico sulle batterie litio,inzia una nuova carriera lavorativa in un settore che ogni anno fa milioni di dollari di fatturato!

PRINCIPALI TEMATICHE TRATTATE

Cosa sono le Batterie a litio

Analisi del mercato

Analisi del nuovo settore micromobilità

Riparazione o Ricostruzione

Assistenza clienti

Info commerciali

Materia prima

Laboratorio e punto di produzione

Attrezzatura

Nuovo/ricondizionato

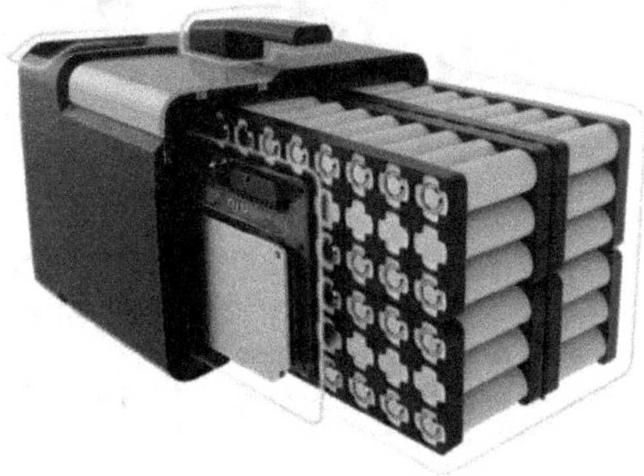

Studia,fai tanta pratica in questo bellissimo settore

Oggi in Italia servono nuove figure che possano RIPARARE - COSTRUIRE DA ZERO - RICELLARE batterie di Monopattini,bici,scooter,auto,elettroutensili

Entra anche tu nella Famiglia BATTERYMAKER

Scansiona il QRcode per maggiori dettagli

PRENOTA OGGI E AVRAI IL 10% DI SCONTO IMMEDIATO

CONTATTA: GF.ELETTRONICA@LIVE.IT E COMUNICA

IL CODICE PROMOZIONALE

Normative Monopattini elettrici in Italia

Nuove regole per la circolazione dei monopattini elettrici. La disciplina è contenuta nella circolare esplicativa del Servizio della Polizia Stradale del 9 marzo 2020.

La legge 28 febbraio 2020, n. 8, che ha convertito con modificazioni il decreto-legge cosiddetto "decreto milleproroghe", ha introdotto, tra le altre, disposizioni sulla circolazione dei dispositivi per la micromobilità elettrica e sui veicoli atipici. La norma, oltre a prorogare di dodici mesi il termine di conclusione della sperimentazione, portandolo al 27 luglio 2022, disciplina la circolazione dei monopattini elettrici, anche al di fuori dell'ambito della sperimentazione, e dei segway, hoverboard, monowheel e degli analoghi dispositivi elettrici di mobilità personale.

Le nuove regole sono relative, ad esempio, ai limiti di età per la loro conduzione, all'obbligo dell'uso del casco per i minori di diciotto anni, all'obbligo di indossare il giubbotto retroriflettente in condizioni di scarsa visibilità.

La circolazione dei monopattini elettrici, per effetto dell'equiparazione ai velocipedi, non è soggetta a particolari prescrizioni relative all'omologazione, approvazione, immatricolazione, targatura, copertura assicurativa. Per circolare su strada, però, devono rispondere a specifiche caratteristiche:

- avere un motore elettrico di potenza nominale continuativa non superiore a 0,50 kW (500 watt);
- non essere dotati di posto a sedere per l'utilizzatore perché destinati ad essere utilizzati da quest'ultimo con postura in piedi;
- essere dotati di limitatore di velocità che non consenta di superare i 25 Km/h quando circolano sulla carreggiata delle strade e i 6 km/h quando circolano nelle aree pedonali;
- essere dotati di un campanello per le segnalazioni acustiche;
- riportare la marcatura «CE»;
- avere i componenti specifici per i monopattini elettrici;
- da mezz'ora dopo il tramonto, durante tutto il periodo dell'oscurità, e di giorno, qualora le condizioni atmosferiche richiedano l'illuminazione, devono essere equipaggiati con luci bianche o gialle anteriori e con luci rosse e catadiottri rossi posteriori per le segnalazioni visive ed in mancanza non possono essere utilizzati, ma solamente condotti o trasportati a mano.

Abbiamo visto la storia del monopattino, della sua evoluzione alle normative che oggi ne regolano l'utilizzo in Italia. I monopattini di oggi a differenza di quelli del passato, vantano prestazioni e caratteristiche cento volte migliori. Grazie alla ricerca, all'avanzamento delle tecnologie, alla miniaturizzazione, alle batterie litio e ai super motori elettrici con piccole dimensioni ma altissime potenze,oggi nel 2021 possiamo avere micromobilità che ci permette di spostarci da un punto all'altro in totale sicurezza, comodità e rispettando l'ambiente. Come hai letto dalle normative i monopattini oggi "regolari" sono quelli con potenza massima 500w.Questo cosa sta a significare? Come devi scegliere il tuo monopattino elettrico? Andiamolo a vedere insieme.

La scelta del monopattino elettrico

Ognuno di noi nel suo profondo spera che il progresso tecnologico porti a innovazioni che possano rivoluzionare in positivo la nostra vita, la micromobilità anche se ancora in fase di evoluzione e di giovane nascita nelle nostre città punta proprio a questo. Evitare di inquinare con le vetture, non avere più i problemi di lunghe code ai semafori, perdita di tempo nel cercare parcheggio. Il monopattino si pone come uno dei migliori mezzi "TOP" per l'uso quotidiano. La sua scelta non è affatto semplice e non deve essere fatta ad istinto ma facendo davvero molta attenzione a tanti, tanti fattori che possono in un futuro recarvi problemi e forse non permettervi di utilizzare correttamente e continuamente il mezzo di trasporto. Il monopattino elettrico almeno una buona parte dei prodotti oggi in commercio NON sono più da considerarsi dei giocattoli per bambini, ma sono a tutti gli effetti degli ottimi mezzi di trasporto "leggero".Il mercato nazionale e internazionale negli ultimi 2 anni ha registrato un incremento del 290% della domanda anche grazie agli incentivi che molte nazioni come l'Italia stanno portando avanti per favorire lo sviluppo del settore Micromobilità.L'italia ha stanziato un oneroso Budget a favore di TUTTI gli interessati ad acquistare un monopattino/bici elettrica nuova. Bonus che è andato a ruba in pochissime ore e che la somma massima prelevabile era di 300€. Grazie a questa mossa dello Stato italiano oggi In Italia circolano Migliaia di nuovi mezzi elettrici, e lo scopo finale della manovra è appunto quello di mettere da parte le auto e mezzi termici per convertire i propri parchi auto/moto in full Electric. Personalmente oggi utilizzo il 40% in meno la mia auto, quando ho necessita di uscire per motivi di lavoro, dove mi serve solo il trasporto e non il "carico" per esempio nel caso di shopping o per fare la spesa io utilizzo sempre il monopattino elettrico. Questo mi permette di avere almeno 30/50€ di risparmio mensile sul solo carburante non pagato per l'auto, calcolando che il pieno di "energia" del mio monopattino mi costa circa 0.25€

Quali sono le domande che devi porti prima di acquistare un monopattino elettrico? Andiamole ad analizzare una per una.

1. **Quali sono le mie percorrenze, una stima in chilometri?**
2. **Quanto peso?**
3. **Devo farne un uso sporadico o continuativo?**
4. **Percorro strade dissestate o con manto stradale di buona qualità?**
5. **Devo Percorrere salite? Quanti km e quanto ripide?**
6. **Ho il garage?**
7. **Ho un ascensore per salire il monopattino a casa?**
8. **Che budget di spesa ho?**
9. **Sono bravo con le modifiche o voglio un monopattino bello, pronto e che non devo farci modifiche/miglioramenti?**
10. **Voglio un prodotto di un brand noto o vanno bene anche i cinesi?**
11. **Voglio motore anteriore o posteriore?**

Rispondiamo alle domande fatte in precedenza e scopriamo insieme il perché sono fattori che influenzano SENZA DUBBIO la scelta di un monopattino <u>che faccia davvero al caso tuo.</u>

Quali sono le mie percorrenze, una stima in chilometri?

La percorrenza abituale che dovrai andare a percorrere è una delle cose più importanti da tenere sotto controllo, anche se parliamo di percorrenze ricorrenti e non sporadiche. Vado ancora nello specifico io lavoro a 7km da casa mia, sono stufo di utilizzare l'auto perché non trovo mai parcheggio... tra me e il mio posto di lavoro ho 2 salite e una strada non perfettamente asfaltata, ci sono anche buche e pietrisco.

Considerando che questa è una percorrenza dunque giornaliera come faccio a scegliere il monopattino?

Calcola 7km di andata al lavoro + 7 km di ritorno, il totale senza ulteriori cambi di percorso 14km, calcoliamo comunque come media un 16km giornalieri, può' capitare che un giorno vai a prendere il caffè, un altro vai dalla tua ragazza che dista due km da casa tua etc....

Per 16km giornalieri tipici quasi tutti i monopattini seri attualmente in commercio possono fare al caso tuo, se non lo sai la percorrenza è la trasformazione della capacità della batteria che monta il tuo monopattino. Nulla si crea nulla si distrugge, tutto si trasforma! Nel caso delle batterie e dei KM di percorrenza c'è da prestare attenzione alla capacità indicata in Ah (Amperora) o a volte indicata come Kwh (Kilowattora). Questi due valori in una scheda tecnica ti indicano la capacità di quella batteria di accumulare energia elettrica che poi verrà trasformata in giri del motore e di conseguenza in kilometri percorsi. Piu Kwh o Ah ha la tua batteria più strada potrai andare a fare. Ovviamente però questa è la teoria, perché nella pratica ci sono vari fattori che non ti permettono MAI di avere un impianto con efficienza al 100%. Cosa voglio dire? Voglio dire che esistono perdite elettriche dunque perdite di energia pianto del tuo monopattino.

Perdite sottoforma di calore (vedi BMS e motore elettrico) perdite di efficienza con l'utilizzo di cavetteria e connettori non ben dimensionati e perdite anche nella scheda motore, anche questa sotto forma di calore, ci sono poi ulteriori perdite molto importanti, anche nella batteria stessa, sulle celle possiamo avere perdite (piccole) che possono farci percorrere meno strada. Se in oltre il tuo impianto elettrico del monopattino non risulta "staccato" dalla batteria questo questo è in stato di riposo (spento) può fare un minimo assorbimento e scaricare piano piano la batteria.

Ti faccio un esempio, se vai a cablare nella batteria un allarmino, questo allarmino NON va collegato sottochiave, dunque quando il monopattino lo spegni, il circuito del monopattino è disconnesso, dunque non c'è assorbimento sulla batteria (non su tutti i monopattini) l'allarme invece risulta sempre connesso alla batteria, poiché il suo scopo è appunto funzionare sempre, anche quando il monopattino è spento e parcheggiato per esempio sotto casa. Questa centralina connessa alla batteria può farti perdere qualcosa come energia elettrica, ma purtroppo se ne hai necessità non puoi farci nulla! Almeno che non punti a prodotti davvero efficienti con un assorbimento quasi vicino allo zero (non semplici a trovare, ancora meno se non hai grandi budget di spesa disponibili). Come hai capito dunque gli assorbimenti possono abbassare le tue percorrenze, consiglio di utilizzare tutto sottochiave (quando possibile) così da limitare all'osso gli assorbimenti permanenti sulla batteria.

Ritorniamo al discorso Percorrenza, la batteria solitamente è installata dalla casa madre sul tuo monopattino, e non hai modo di scegliere una differente, tante volte capita che un monopattino è bello esteticamente ma poi ha una batteria che NON fa al caso tuo...Purtroppo se non hai conoscenze tecniche puoi fare ben poco...Dunque se vuoi un monopattino che sia ben bilanciato la strada è in salita e va tutto analizzato bene! Il primo punto dunque su un monopattino elettrico è LA BATTERIA quanti Ah o Wh è? Su questo punto molto importante iniziamo un'ulteriore analisi molto importante.

Le batterie commerciali che puoi trovare sui monopattini o bici elettriche o comunque qualsiasi cosa usi batterie litio sono prodotti per il 95% in Cina, NON Credere a chi ti vuole vendere un pacco batterie made in ITALIA (a meno che non sia davvero un tecnico specializzato con anni di esperienza nel settore). Comunque chi oggi costruisce pacchi batterie in Italia sono davvero pochi, la maggior parte comunque sono miei studenti che fanno parte della classe BATTERYMAKER. Se non lo sai ho in attivo vari corsi/webinar sul mondo tecnologico e nello specifico ho un videocorso specifico per chi volesse iniziare a guadagnare con le batterie litio. Io lavoro con la customizzazione di batterie litio da ormai sette anni, ho molta esperienza pratica sia nella riparazione che nella costruzione da ZERO. Tutto questo mi ha permesso oggi di creare una rete nazionale di "creatori di batterie litio". Tornando al tema di partenza, le batterie che montano i monopattini elettrici sono tutti tranne qualche sporadico caso FALSE. Si hai capito bene! Esistono anche batterie false e batterie originali, come in tutto il commercio esistono i cloni, i low cost e low Quality. Sulle batterie litio la cosa è ancora più amplificata e Pericolosa, perché? Perché se vai su EBay, Aliexspress, Amazon troverai il 95% di prodotti con in etichetta valori non reali venduti tante volte a prezzi bassissimi, tante altre volte invece hanno prezzi in linea con i buoni prodotti per trarre in inganno il cliente! FAI TANTA ATTENZIONE SULLE BATTERIE. Questo comunque lo vedremo più avanti

Acquistando il monopattino non potrai come abbiamo detto scegliere la batteria poiché è già inserita e non sostituibile. Fai dunque attenzione e prendi con le pinze i valori dichiarati nelle etichette e negli scatoli o che il venditore ti comunica.

Quanto peso?

Il tuo peso, la tua stazza sono un altro fattore molto importante e sai perché? Perché più sei leggero meno forza dovrà fare il motore per spingerti, e viceversa più sei pesante più sforzo dovrà fare il motore per spostarti. Il tutto si amplifica al doppio forse anche al triplo in salita! Ma cos'è la forza del motore? La spinta del tuo montata dal motore, motore che può essere su ruota anteriore o posteriore e può avere potenze da etichetta che vanno da 250w a 500w. Il motore per girare necessita di elettricità, di corrente, e più va sotto sforzo più corrente chiede dalla tua batteria. Piu alta la corrente richiesta prima si scaricherà e meno percorrenza potrai fare.

Un monopattino che monta per esempio una batteria 48v 13Ah può percorrere da scheda tecnica 50km ma questi km come vengono calcolati dalle case costruttrici? Strada piana e discesa! Te ne parlo per esperienza personale! Il monopattino purtroppo se non potenziato per bene soffre moltissimo le salite, e parlo di un 500w che come coppia, potenza è molto più prestante di un 250 o 350w.

In base al peso cambierà comunque la percorrenza, lo stesso monopattino, con la stessa percorrenza arriverà più lontano se pesi 50kg e no se pesi 90kg. È comunque un discorso di logica che tutti riusciamo a capire, ma se comunque io peso 90kg posso o non posso avere un monopattino?

Si! Puoi avere un monopattino MA attenzione, più peso significa necessariamente più prestazioni, dunque devi andare su monopattini che abbiano potenze più elevate. Come da regolamentazioni Nazionali possiamo utilizzare come potenza massima 500w come motore. Questo sta a significare che PUNTA al massimo se vuoi spostarti senza problemi!

Un monopattino elettrico da 250w o 350w avrà caratteristiche sia di telaio, che di motore che di potenza nettamente basse, e sotto il tuo peso di 90/100/110kg per esempio soffre tantissimo! E dove te ne accorgi? Dalle salite...LE salite le potrai fare solo scendendo dal monopattino e spingendo...Non è bello per chi spende i propri soldi 15 arrivare a "piangere" il proprio mezzo perché non si è fatta attenzione prima dell'acquisto.

Devo farne un uso sporadico o continuativo?

Un'altra cosa importante è questa valutazione, perché questo inciderà su moltissimi fattori, per esempio l'usura. Usura delle ruote, del motore, di tutte le parti meccaniche ed elettriche e anche sulla batteria. La vita della batteria non è infinita, la si può calcolare in cicli, un ciclo è una scarica e poi la ricarica della stessa. Piu cicli farai più le celle litio andranno ad abbassare la loro efficienza fino a stabilizzarsi su un valore che solitamente è il 70% di quello di partenza. Se per esempio la tua batteria inizialmente aveva una buona potenza, una percorrenza ottimale, poi nel corso del tempo andrà piano piano a scendere fino a quando vedrai che il monopattino funzionerà in maniera molto limitata.

Se l'uso che ne farai invece è sporadico dunque non continuativo come tutti i giorni, il monopattino per ovvie ragioni avrà un'usura inferiore, ma c'è qualcosa che devi tenere sotto controllo. Lasciare in disuso una batteria litio per molto tempo (MESI) senza ricaricarla, senza scaricarla (utilizzare il mezzo) può fare davvero male. Le celle litio e la BMS se non sono di buona qualità possono scendere sotto i valori di tensione minimi, questa discesa tante volte può portare alla MORTE della tua batteria. Ma perché succede questo? Succede per vari fattori, uno che incide molto è il circuito elettrico del tuo monopattino, come abbiamo già detto se resta qualcosa connessa, questa nel corso dei giorni, mesi potrà scaricare la batteria senza che tu te ne accorga. Un altro problema è la qualità delle celle e del BMS, e la scarica "normale" delle celle come chimica stessa.

Se il tuo uso è dunque continuativo la scelta del monopattino deve essere fatta su prodotti che presentano caratteristiche meccaniche/elettriche di buon livello. Non puoi utilizzare tutti i giorni per molto tempo un monopattino da 250w, poiché ne risentirebbe tutto l'impianto elettrico, meccanico e anche il telaio. Le buche, i dossi, il pavimento dissestato influiscono tantissimo sui monopattini senza ammortizzatore.

Percorro strade dissestate o con manto stradale di buona qualità?

Come detto nel precedente punto, percorrere strade dissestate, può e deve spingerti per la maggiore a scegliere un mezzo con caratteristiche che ti permettano di viaggiare in maniera più comoda e sicura possibile. Se le tue strade sono perfette qualsiasi monopattino può andare bene, il discorso cambia quando servono AMMORTIZZATORI.

I monopattini più "accessoriati" oggi montano gli ammortizzatori, alcuni li hanno di serie altri invece grazie ad aziende esterne che producono ricambi compatibili studiati a DOC installabili successivamente ti permettono di camminare più comodo.

Gli ammortizzatori sono sia su ruota anteriore che su posteriore, c'è chi utilizza due molle sull'anteriore e due sul posteriore, chi monta una molla sul posteriore e due sull'anteriore etc. La scelta comunque è molto vasta. Io personalmente preferisco di gran lunga un monopattino con sospensioni che uno sospensioni.

Devo Percorrere salite? Quanti km e quanto ripide?

Se nella tua percorrenza hai salite, fai attenzione come già detto sono le peggiori nemiche di tutti i monopattini di serie, anche i 500w se sei pesante ne soffrono, ovviamente avrai più spinta con un 500w ma lo sforzo c'è sempre e per mio punto di vista sempre meglio un 350w che un 250w, ancora di più un 500w.Le salite ti daranno filo da torcere anche come batteria, perché ovviamente abbasserai l'autonomia della batteria dunque farai meno chilometri. Se hai molte salite, punta a scegliere sempre un monopattino forte e che abbia una buona batteria in dotazione!

Ho il garage?

Bella domanda…. Hai il garage? Se sì allora non hai problemi! I monopattini hanno dimensioni e pesi molto differenti. Una buona parte del peso di un monopattino è il telaio che solitamente è in alluminio (leggero) ma un'altra parte pesante e compatta è la batteria! Piu sarà grande e prestazionale la batteria più peso avrà il tuo monopattino. Se hai il garage, un magazzino o un appartamento a livello della strada potrai valutare senza problemi anche i grossi 500w

Si…Perché i monopattini 500w sono davvero grandi, pesanti e voluminosi! Prendere un monopattino leggero può essere comodo se devi sollevarlo, chiuderlo e trasportarlo per esempio in BUS, pullman, o treno… Il 500w per esempio il mio che è un KIRIN M4 Pro è tutt'altra cosa… Grande e pesante, ancora di più dopo le modifiche che ho effettuato e miglioramenti (ne parleremo più avanti).

Un altro punto importante nella scelta del monopattino giusto è quella del punto di ricarica, poiché il monopattino va ricaricato a tensione 230v tramite il suo alimentatore o caricabatterie in dotazione, devi avere nel punto di ricovero SEMPRE una presa corrente 230v libera.

Ho un ascensore per salire il monopattino a casa?

E se non hai il garage, non vivi a livello strada ma la tua abitazione è al quinto piano di un palazzo? Si quello è un problema…se hai l'ascensore allora il problema lo hai sotto controllo, basta prendere le misure utili dell'ascensore e poi prendere quelle del monopattino che più ti piace e farlo entrare anche a forza per farlo arrivare sopra ai piani alti…

Sì, ma non tutti hanno la fortuna di avere un garage o vivere in una casa a livello strada, o ancora avere un ascensore…. E se casa mia è al terzo piano e non ho ascensore?

Questo è un problema…. I monopattini in generale pesano tutti oltre i 11kg, il mio forse arriva anche ai 23kg e se dovessi prenderlo per salire ai piani alti di un palazzo non so se avessi né la voglia né la costanza.

Fai questo particolare, tu il monopattino non puoi lasciarlo in strada, né per sicurezza (furti) né per (agenti atmosferici) mezzi studiati per restare fermi sotto il sole, sotto acqua, vento, neve. Il monopattino deve stare in Cantina, in appartamento, in garage ovunque ma basta che sia sempre sotto controllo. Come hai potuto dunque capire un altro problema da non sottovalutare è dove andare a "riporre" il monopattino elettrico e che non tutti hanno forza per poterli sollevare e spostare.

Peso vuol dire qualità! Si nei monopattini peso vuol dire senza dubbio QUALITA! Un monopattino che monta ruote grandi, batteria grande, accessori e un telaio grosso come spessori, come dimensioni abbondanti della pedata è un monopattino davvero fatto bene, che porterà soddisfazioni, ma NON è per tutti!

Che budget di spesa ho?

In commercio abbiamo monopattini elettrici che hanno prezzi molto differenti, ma da cosa varia il prezzo? Il prezzo varia dal marchio, dalla potenza e dalla batteria. Un monopattino elettrico da 500w non può mai costare come uno da 250w. Un monopattino che monta una batteria da 30ah non può costare come uno che monta una batteria da 5ah (almeno che non sia tutto FAKE). Grazie al Governo italiano e al bonus mobilità milioni di italiani hanno potuto usufruire di un ottimo incentivo per l'acquisto del proprio mezzo di trasporto elettrico, valido sia per bici che monopattini elettrici. La scelta del monopattino giusto molte volte viene condizionata da questo fattore, il BUDGET disponibile. Se il tuo Budget è basso, e potresti solo permetterti un 250w, ma considerando tutto ciò che abbiamo detto fino a questo momento sai che non va bene per te, vedi peso, vedi percorrenze io direi di aspettare...Metti i soldi da parte, raccogli ciò che manca e prendi quello che davvero fa per te!

Cosa succede se compri un monopattino che NON è quello giusto per te e per le tue necessità? Lo utilizzerai i primi giorni, poi vedrai che nascono problemi e piano piano non avrai più la voglia di utilizzarlo! Per poi andare a rivenderlo alla metà di quanto lo hai pagato da nuovo!

Sono bravo con le modifiche o voglio un monopattino bello, pronto e che non devo farci modifiche/miglioramenti?

Devi sapere che esistono monopattini "pronti all'uso" che non necessitano di verifiche, tarature, modifiche dopo l'acquisto e monopattini che invece per varie cause necessitano una revisionata. Ma cosa si revisiona? Ti Faccio l'esempio del mio monopattino elettrico, un KIRIN m4 PRO, ho dovuto stringere qualche bullone, sistemare la ruota anteriore, migliorare la stabilità dello sterzo. Tutto questo a chi non è abile con chiavi, pinze, trapani può fare paura. Sappi comunque che esistono monopattini più curati nei dettagli, come quelli "brandizzati" che ti permettono di stare quasi senza pensieri... Però ti do come sempre il mio parere, per le prestazioni, bellezza, robustezza che ho con il mio monopattino non lo cambierei con nessuno di quelli "brandizzati". Questo perché io me la cavo con le modifiche meccaniche, elettriche, elettroniche. So e capisco però che moltissimi NON sanno come fare o non hanno proprio l'attrezzatura.

Voglio un prodotto di un marchio noto o vanno bene anche i cinesi?

Ritorniamo a parlare dei marchi…. Come in tutti i settori merceologici esistono i marchi, tu sei legato al nome di un prodotto o alla sua qualità, efficienza, bellezza? Se tu punti solo al NOME allora i monopattini Brandizzati sono la tua migliore scelta, se invece non dai importanza al marchio, hai un mondo tre volte più vasto d'avanti e monopattini elettrici davvero belli e prestazionali! Sono comunque tutti made in china…. Occhio ai furbetti on è made in china…. Sta parlando a vanvera….

Ma in cosa incide BRAND da NON BRAND noto? Solitamente se un Brand è davvero affermato, il rivenditore è ufficiale puoi avere più speranze con la garanzia…Se invece il tuo monopattino e di importazione totalmente fine a sé stesso, li senza un bravo importatore che ti guardi le spalle potresti avere non pochi problemi di garanzia! La garanzia in Italia è di norma 2 anni, dunque per 2 anni su qualsiasi difetto di produzioni puoi far valere questo per la sostituzione o riparazione di parti direttore. Ovviamente parliamo di difetti di produzione e non danni causati da te, o ancora la batteria. Sulla batteria quelli davvero SERI, molto professionali ti concedono la garanzia, altri invece ti dicono sulla batteria non c'è garanzia! E perché? Perché è un componente che si deteriora nel tempo dunque niente garanzia…. A questi signori che vi dicono questo fate una bella pernacchia, giratevi e andate oltre! In una batteria si possono rompere molte parti, e molte volte anzi una buona parte delle volte la colpa è di chi l'ha costruita! SI HAI CAPITO BENE!

Se utilizzano componenti di scarsa qualità, sottodimensionati, non correttamente dissipati, non correttamente isolati…. L'intoppo è sempre dietro l'angolo! Dunque, fate valere la vostra posizione sempre! Sia che siano monopattini di marchi noti che di importazione. I soldi li hanno presi i venditori, gli importatori e anche i produttori, come tale sono obbligati a dare una garanzia di almeno due anni!Alla fine comunque la produzione è sempre e solo CINESE,dunque prendendo un monopattino firmato Non vuol dire per esempio prendere un made in ITALY!

Voglio motore anteriore o posteriore?

Anche questo come per la batteria tu come cliente hai poca anzi nulla voce in capitolo, mi spiego meglio... Se mi piace il KIRIN M4 PRO ma non mi piace il motore dietro come è da originale NON posso fare nulla...anzi non posso dire nulla perché quello è quello resta.... La batteria si può cambiare in un futuro mettendone una più prestazionale, ma il motore solitamente dov'è deve restare...

Qual è la differenza tra motore anteriore o posteriore?

La differenza c'è e la possiamo riassumere dicendo che i monopattini più prestazionali hanno motore posteriore, i monopattini più piccini invece hanno quasi tutti il motore anteriore. Esistono anche monopattini con due motori, alle due ruote per avere ancora più potenza e coppia. Il problema dei monopattini con due ruote motrici è la potenza! Arrivano anche a 5000/7000w di picco! Che ovviamente sono troppi per i regolamenti che in questo momento abbiamo in Italia. È vero che esistono anche monopattini da 1000 o 1500w con due ruote motrici, ma anche questi nonostante siano prestazionali, belli esteticamente SONO VIETATI perché superiori ai 500w.

Personalmente comunque non amo i monopattini a ruota motrice anteriore, il posteriore da più senso di controllo, più spinta e si avvicina di più allo stile delle moto/scooter, anch'essi motore motrice posteriore.

Dopo aver risposto a queste domande e attenzionato punto per punto avrai le idee molto più chiare sulla scelta del tuo prossimo monopattino elettrico. Andiamo ora ad analizzare le varie componenti che compongono un monopattino elettrico.

- **Motore elettrico e controller motore**
- **Impianto frenante**
- **Acceleratore e interruttori**
- **Impianto luci**
- **Batteria & BMS**
- **Caricabatteria**
- **Cavi & connettori**
- **Telaio sospensioni**
- **Ruote /gomme**

SHOPPING 3.0 GRAZIE A
FOX TECH BESTSHOPPING

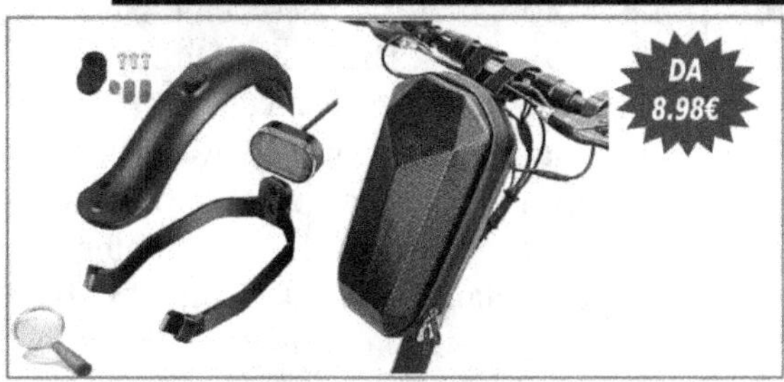

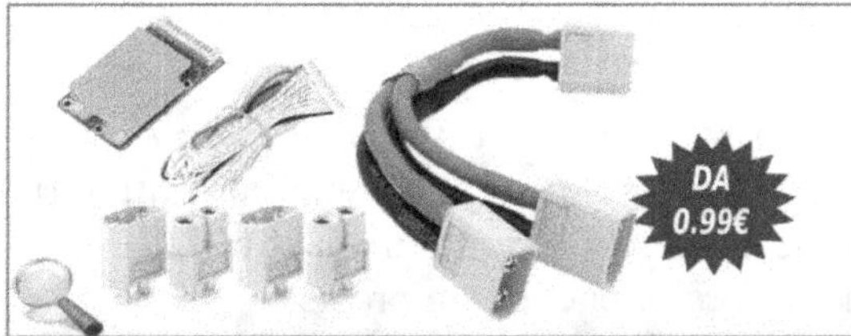

RISPARMIA SFRUTTANDO ERRORI DI PREZZO,SCONTI A TEMPO,SUPER PROMOZIONI

I MIGLIORI NEGOZI ONLINE E PRODOTTI

ISCRIVITI IMMEDIATAMENTE E SCOPRI TUTTI I GIORNI QUANTE OFFERTE!

PAGINA TELEGRAM UFFICIALE: FOX TECH BESTSHOPPING

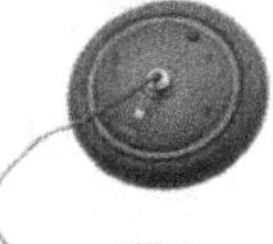

Motore elettrico e controller motore

Il **motore brushless** ("senza spazzole") è un motore elettrico a corrente continua

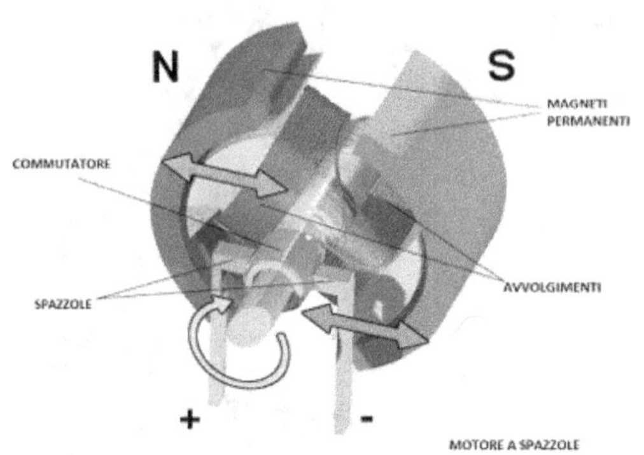

(BLDCM, Brushless Direct Corrente Motor) avente il rotore a magneti permanenti. A differenza di un motore a spazzole non ha quindi bisogno di contatti elettrici striscianti (spazzole) sull'albero del rotore per funzionare.

La commutazione della corrente circolante negli avvolgimenti dello statore, e quindi la variazione dell'orientamento del campo magnetico da essi generato, avviene elettronicamente. Ciò comporta una minore resistenza meccanica, elimina la possibilità che si formino scintille al crescere della velocità di rotazione, e riduce notevolmente la necessità di manutenzione periodica.

Un motore molto simile è il motore passo-passo, che si differenzia dal motore brushless per il fatto che gli avvolgimenti dello statore non sono alimentati tutti contemporaneamente, ma in modo ciclico cosicché i campi magnetici da essi generati determinino una rotazione del rotore ottenendo un preciso posizionamento dello stesso.

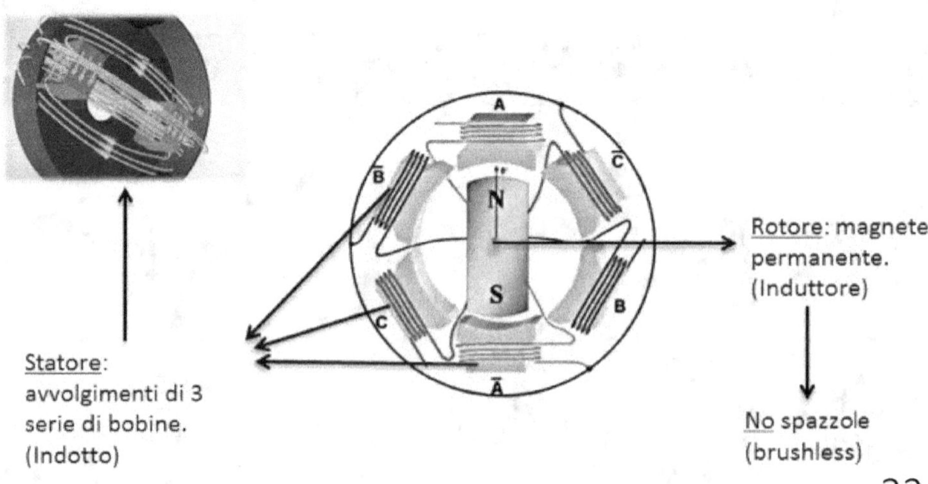

Un altro motore simile, per costruzione ma non per funzionamento è il motore sincrono, che appunto è alimentato da corrente alternata e deve essere trascinato alla velocità di sincrono o accelerato tramite inverter. n un motore brushless il rotore è privo di avvolgimento ed è invece dotato di magneti permanenti, mentre

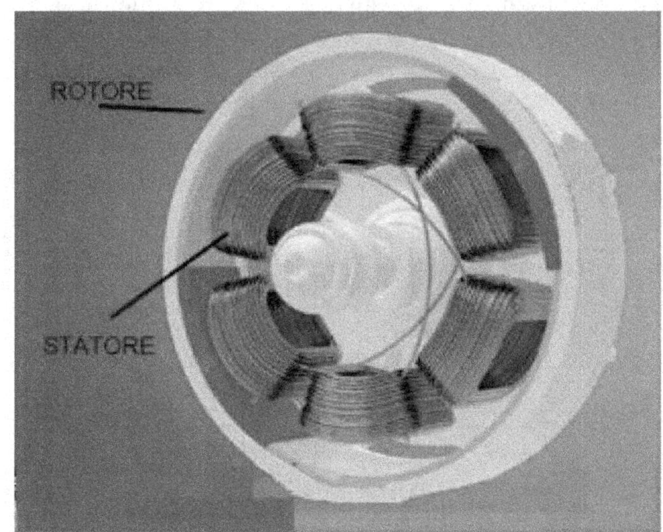

il campo magnetico generato dagli avvolgimenti sullo statore è variabile. Poiché il motore funziona in corrente continua, per realizzare la rotazione del campo magnetico generato nello statore, un circuito elettronico, composto da un banco di transistor di potenza comandati da un microcontrollore che controlla la commutazione della corrente, comanda l'inversione di corrente e quindi la rotazione del campo magnetico. Dato che il controllore deve conoscere la posizione del rotore

rispetto allo statore per poter determinare l'orientamento da dare al campo magnetico, esso viene solitamente collegato a un sensore a effetto Hall, come il Pick-up o a un più preciso resolver ad albero cavo.

Il rendimento di queste macchine è mediamente maggiore rispetto ai motori a corrente continua asincroni e il rendimento può arrivare a 0,98.

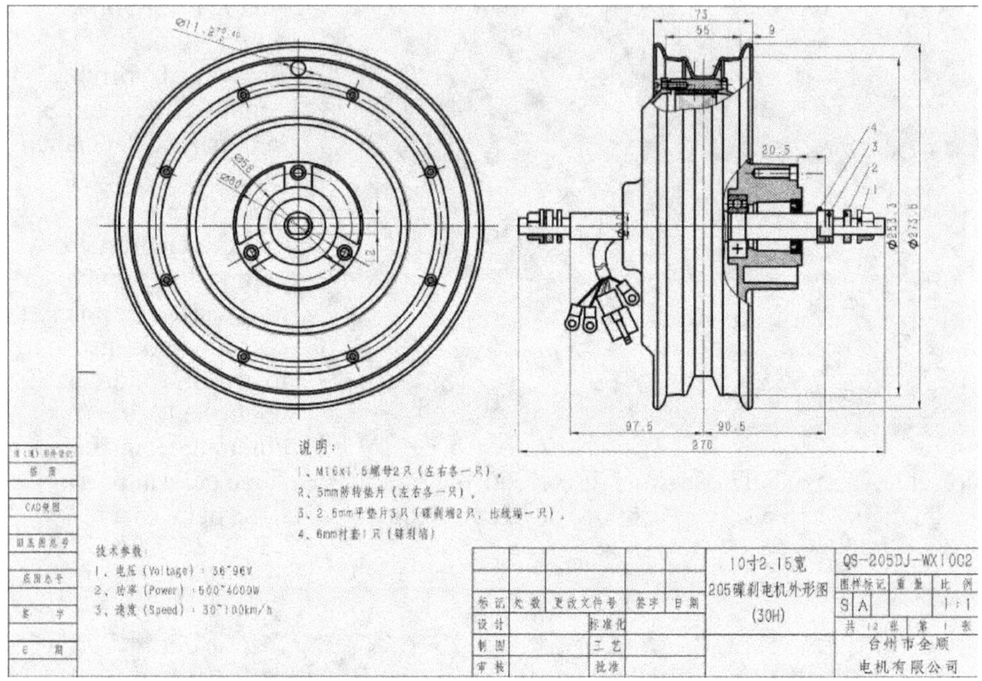

Il primo notevole vantaggio riguarda la vita attesa del motore, dato che le spazzole sono il "punto debole" di un motore elettrico. L'assenza di spazzole elimina anche la principale fonte di rumore elettromagnetico presente nei motori elettrici in corrente continua.

L'ingombro è limitato rispetto alla potenza e soprattutto rispetto alla coppia che questi motori riescono ad erogare. In termini di efficienza, i motori brushless lavorano sempre in condizioni di rendimento ottimali. Non dovendo generare il campo magnetico rotorico hanno efficienze maggiori. L'assenza di scintille è fondamentale quando il motore opera in ambienti saturi di composti organici volatili come i carburanti.

In questo tipo di motori i magneti permanenti sono posizionati sul rotore e sono realizzati con speciali materiali che permettono di avere un'inerzia rotorica molto bassa, cosa che permette di avere un controllo estremamente preciso sia in velocità sia in accelerazione.

Il principale svantaggio di questo tipo di motori sta nel maggiore costo. A differenza dei motori a spazzole, infatti, il controllo viene effettuato elettronicamente da un controller, un dispositivo elettronico fornito dal

costruttore del motore o da terze parti, quindi al costo del motore va aggiunto il costo del sistema di controllo. Per i motori a spazzole il "controllo" è realizzato da un potenziometro o un reostato (sistemi poco efficienti, ma estremamente economici) per la regolazione della velocità. La resistenza variabile, potenziometro o un reostato che sia, consente di variare l'intensità di corrente assorbita dai motori. Questo sistema di controllo può anche essere utilizzato per più motori analoghi in parallelo, mentre ogni motore brushless deve essere controllato da un suo dispositivo "controller".

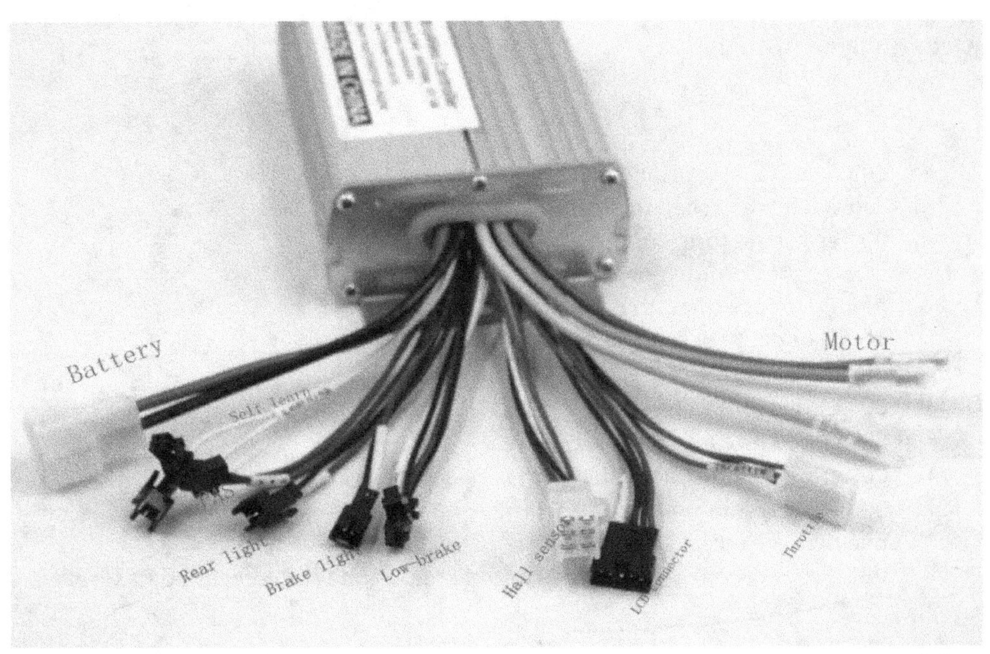

Variando il controller del motore molte volte si può dare prestazioni migliori al monopattino elettrico e sai perché? Perché questi controller internamente hanno un circuito di logica, di potenza e di protezione. Il circuito di POTENZA è composto da mosfet, che non sono altro che dei componenti elettronici che hanno il compito di gestire la vera alimentazione del motore, se un mosfet ha per scheda tecnica un limite massimo di corrente di 10Ampere, purtroppo il tuo monopattino oltre quella soglia non andrà quasi mai, questo sta a significare una potenza limitata. I controller per monopattino elettrico solitamente includono non solo i 3 cavi di alimentazione del motore (poiché se non lo sai i cavi per alimentare il tuo motore sono 3) poi ci sono altri cavi che sono quelli di ''logica'' che vanno comunque sempre cablati. Se vuoi una potenza e prestazioni migliori un componente da valutare ove possibile da sostituire è proprio questo. Se invece di 10Ampere massimi mettiamo un nuovo controller che tiene senza problemi per esempio 20Ampere massimi come ben puoi immaginare. hai raddoppiato le prestazioni massime del tuo impianto. È normale e scontato che cambiando solo il controller risolvi poco, infatti insieme alla sostituzione del controller di serie devi andare a fare delle verifiche su altre componenti (batteria e Bms).

I controller hanno inserito anche il circuito di controllo ON OFF, il circuito di pilotaggio e regolazione velocità, il controllo autonomia, l'interfaccia display e il tutto gestito da un Microprocessore che in casi particolari ti dà anche sulla schermata degli ERRORI. Questi errori ti comunicheranno che in quel momento qualcosa del tuo impianto elettrico del monopattino non funziona in maniera corretta. Ogni Modello, Brand ha un elenco errori, vediamone qualcuno:

Kirin - Kugoo M4 Pro

- E-000 Indica la posizione dell'errore (questo codice errore di seguito è per TF100)
- 001-errore motore – principalmente dovuto al fatto che l'utente non riesce a trovare il motore di fase corretto e il sensore di HALL corrispondente al controller
- 002 errore Acceleratore
- 003 Errore controller
- 004 errore leva del freno
- 005 errore di protezione di minima tensione
- 006 errore di comunicazione, il display non può ricevere l'uscita del controller
- 007 errore di comunicazione, il controller potrebbe ricevere un'uscita display

- 10 Errore comunicazione con la dashboard. Controlla collegamento dashboard
- 11 Errore nel sistema trifase del motore – A. Tenta un reset del monopattino elettrico altrimenti sostituisci il motore.
- 12 Errore nel sistema trifase del motore – B
- 13 Errore nel sistema trifase del motore – C
- 14 Errore nel sistema di accelerazione. Controlla o sostituisci acceleratore. Se il link non funziona o non è più disponibile trovi un altro acceleratore per Xiaomi qui
- 15 Errore nel sistema frenante. Controlla o sostituisci la leva del freno. Se il link non funziona o non è più disponibile trovi un'altra leva del freno di Xiaomi qui
- 18 Errore nel sensore Hall del motore. Verifica o sostituisci il motore. Per il link d'acquisto puoi scrivermi dai Contatti
- 21 Errore di comunicazione con il Battery management system BMS. Se hai effettuato modifiche al BMS ripristina tutto alle impostazioni originali.
- 22 Errore Bad BMS password
- 23 Errore Serial Number BMS
- 24 Tensione del sistema anormale. Controlla tensione della batteria
- 26 Errore Save operation in the Flash memory is wrong. Sostituisci la centralina
- 27 Bad controller password. Sostituisci la centralina
- 28 Errore MOSFET scheda madre. Sostituisci la scheda madre
- 29 Errore MOSFET scheda madre. Sostituisci scheda madre
- 31 Program jump error. Sostituisci scheda madre
- 35 Numero Seriale del Monopattino errato. Probabilmente hai inserito un numero seriale incompleto o sbagliato, oppure la scheda madre del tuo monopattino non è originale.
- 39 Il sensore della temperatura della batteria ha rilevato una temperatura anormale. Lascia raffreddare il monopattino e leggi la mia guida alla corretta manutenzione.
- 40 Il sensore della temperatura del controller centralina ha rilevato una temperatura anormale. Lascia raffreddare il monopattino e leggi la mia guida alla corretta manutenzione.

- 10: la comunicazione tra il pannello di controllo e il cruscotto è anomala, controllare il cavo
- 11: corrente di fase del motore anomala, controllare la scheda (control board)
- 12: Corrente di fase B del motore anomala, controllare la scheda (control board)
- 13: Corrente di fase C del motore anomala, controllare la scheda (control board)
- 14: l'acceleratore non funziona correttamente, controllare il sistema di accelerazione, il cavo e i collegamenti al display
- 15: Sistema freni anormale, controllare quadro elettrico, cavo collegato e pulsante di frenata (generalmente errore dovuto ai magneti che si sono staccati dentro al pulsante di frenata)
- 16: Battery Change MOS anormale, controllare la scheda (control board)
- 17: Battery change MOS esterno anormale, controllare la scheda (control board)
- 18: motore anomalo, controllare motore, scheda e cavi collegati
- 19: la tensione della batteria è anomala, controllare la batteria
- 20: la tensione della batteria esterna è anormale, controllare la batteria aggiuntiva esterna
- 21: comunicazione batteria non riuscita, controllare batteria e cavi collegati ad essa
- 22: Batteria guasta, sostituire la batteria e pulire l'alloggiamento (oppure segui la guida).
- 23: batteria non originale rilevata oppure numero seriale batteria illeggibile, sostituire la batteria (oppure segui la guida).
- 24: test di tensione del sistema anomalo, controllare la scheda (control board)
- 26: errore di salvataggio del flash, controllare il pannello di controllo
- 27: errore del codice di controllo, sostituire la scheda del monopattino
- 28: Cortocircuito nel ponte del conduttore del motore.
- 29: cortocircuito nel ponte del conduttore del motore.
- 39: sensore di temperatura della batteria anomalo, sostituire la batteria
- 40: temperatura del pannello di controllo anomala, controllare il pannello di controllo
- 41: temperatura della batteria esterna anomala, sostituire la batteria esterna
- 42: errore di comunicazione batteria esterna, scollegare e ricollegare la batteria esterna
- 43: errore esterno nel codice della batteria, sostituire la batteria esterna
- 44: batteria esterna non originale rilevata oppure codice seriale illeggibile, sostituire la batteria esterna

Come hai già intuito il controller chiamato "driver motore" non è solo la scheda di potenza che spinge il tuo monopattino ma è proprio il cuore di tutto il sistema. Come vedrai da questa foto, dove un produttore da i riferimenti in lingua inglese per i vari cavi e connettori, con queste centraline puoi gestire tutto, ma proprio tutto del tuo mezzo di micromobilità! Attenzione sono anche utilizzati su bici elettriche e scooter elettrici, variando ovviamente potenze, dimensioni, brand e qualità.

Andiamo ad analizzare i cavetti per capire a cosa servono e come bisogna connetterli per non fare danni all'impianto elettrico. Questo controller può essere differente da quello che monta il tuo monopattino o bici elettrica, infatti in commercio esistono centinaia di modelli differenti, ti consiglio di andare a verificare la scheda tecnica online con la specifica delle connessioni. I controller più economici possono avere molte meno funzionalità e molti meno cavi, come anche averne molti di più se parliamo di un controller più professionale e costoso. In linea generale comunque anche se parliamo di controller super economici e con prestazioni basse i cavi che devono esserci poiché sono quelli sostanziali sono questi:

3 uscita motore
2 alimentazione controller
2 uscita per luci stop
1 per ingresso leva del freno
1 di spegnimento con chiave
1 lettura velocità km/h
Quattro sensori Hall motore
3 Acceleratore

Molti controller includono anche due cavi (rosso nero) di buona sezione che sono quelli che si occupano della ricarica della batteria, dunque quei cavetti vanno connessi ad un connettore e incassati a bordo della scocca del monopattino per andare poi a connettere il tuo caricabatterie da rete 230v.Questo in esempio NON include tale funzionalità.

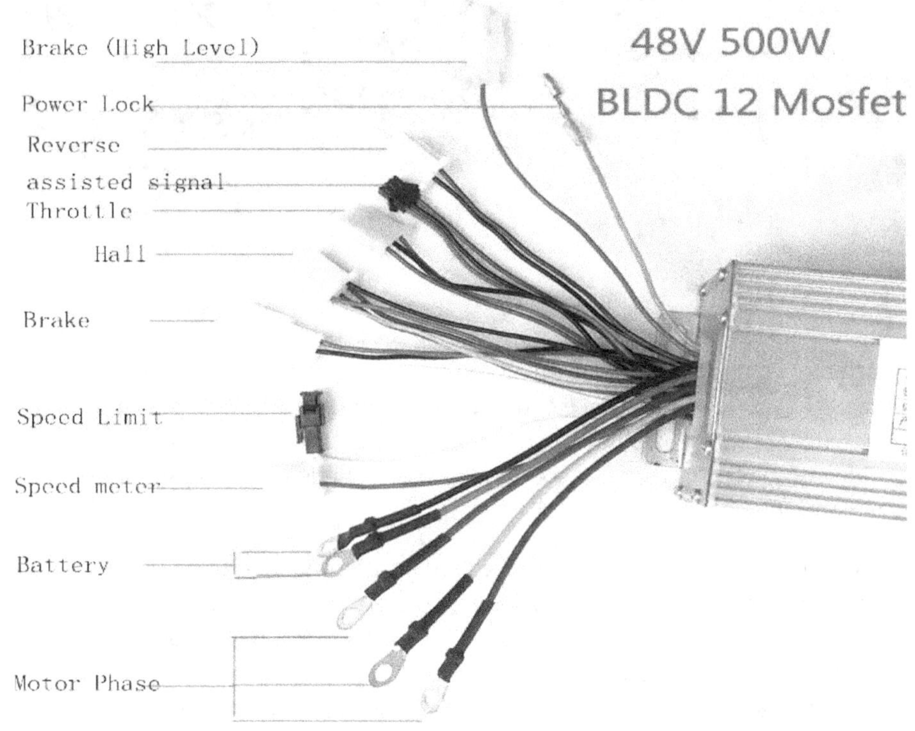

Brake (Hight Level) → Freno STOP alle luci
Power Lock → Cavo di controllo sottochiave
Reverse → Inversione rotazione motore
Throttle → Acceleratore
Hall → cavi sensori motore
Brake → Alla leva del freno
Speed Limit→ Limitatore di velocità
Speed Meter → conta km/h istantaneo
Battery → Batteria
Motor Phase → Connessione al motore

Qui trovi alcuni controller commerciali che potresti prendere in considerazione, basta utilizzare il tuo smartphone inquadrando questi QRcode per andare direttamente alla pagina di vendita dei vari prodotti.

48V 500W

36/48V 1000W

48V/60 750W

36v 1000w

Questo brand può fornirti controller di buona qualità da 24 fino a 48v e da 350w a 1000w. La qualità la dissipazione, la sezione dei cavi sono tutti fattori importanti e loro nei prodotti ci mettono davvero qualità, questa è una foto di paragone tra un controller economico e un controller di qualità, esistono ulteriori marchi in commercio ancora più curati, ben studiati ed assemblati con affidabilità superiore ma i costi sono nettamente più elevati. Se hai intenzione di potenziare il tuo monopattino il mio consiglio è di aumentarne davvero le prestazioni ma di non toccare la velocità, sai che da regolamentazioni non è possibile andare oltre i 25km/h. Per chi già possiede comunque un monopattino elettrico di potenza media o alta vedi 500w sa benissimo che però tante volte questa velocità viene superata, e che i monopattini senza problemi posso andare anche oltre i 40/45km/h.

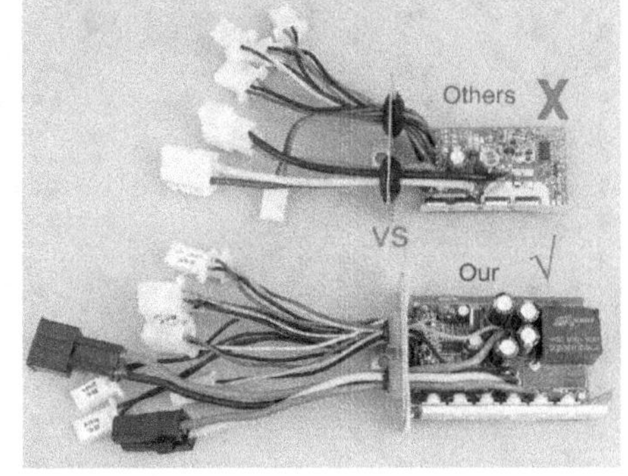

Molte volte può capitare che alcuni rivenditori ti possano fornire in unico pacchetto come in questi casi il controller + il gruppo di gestione/display/Acceleratore. Venduti anche su Amazon possono esserti utile nel caso in cui per cause sconosciute qualche componenti smetta di funzionare, o se volessi fare un Upgrade per esempio da 350 a 500w.

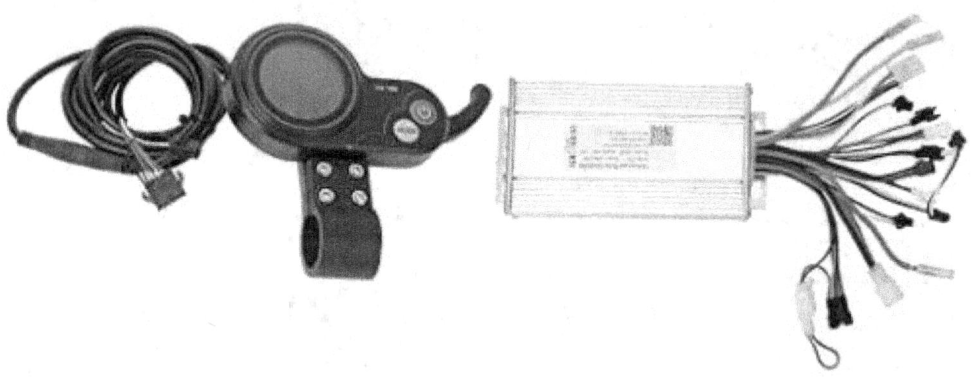

Questo invece è un set di display digitale a LCD + controller motore con caratteristiche tecniche molto interessanti e con un buon prezzo di vendita. Kit consigliato non solo per l'uso con monopattino ma anche bici elettrica artigianale

24-48v con potenza massima 350w

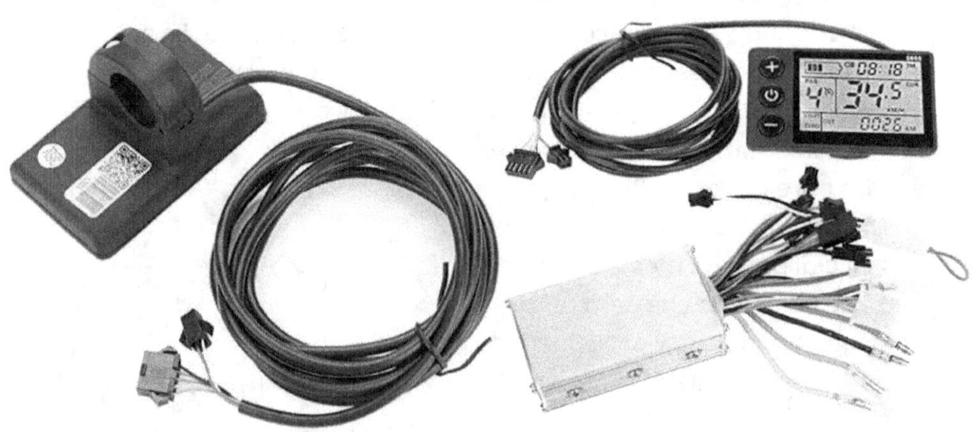

Impianto frenante

L'impianto frenante in un monopattino elettrico come qualsiasi altro mezzo di mobilità e micromobilità è molto importante. Nel caso dei veicoli elettrici abbiamo un funzionamento che si chiama "FRENATA RIGENERATIVA". La frenata del motore elettrico che rallenta la corsa del mezzo elettrico e sfrutta la spinta e forza prodotta dalla rotazione per "generare elettricità". La frenata con motore viene sempre accompagnata da impianto frenante meccanico che per il 90% delle volte è un freno a disco con pasticche frenanti (come quelle delle auto). Esistono impianti a tamburo ma per lo stile e la funzionalità vengono sempre più montati sistemi a disco freno. La frenata motore non è garantita su tutti i monopattini elettrici, infatti molti modelli non sono dotati di tale funzione, altri invece se in una piccola discesa non azioni i freni meccanici e non acceleri il motore elettrico andrà a frenare autonomamente rallentando la corsa del monopattino elettrico.

In questa foto ti mostro un monopattino elettrico SPLASCH con freno a tamburo anteriore e posteriore, è uno dei pochi modelli a utilizzare questa tipologia di freno meccanico.

Personalmente come estetica preferisco molto il sistema a disco e non a tamburo, ma entrambi sono ottimi per quanto riguarda la funzionalità e la frenata

Quali sono le componenti dell'impianto frenante meccanico in un monopattino? Abbiamo la Pinza freni che in questa foto è in colore rosso, in molti monopattini il colore può essere nero, blu o

color metallo grezzo. Ci sono le pasticche frenanti che sono quelle che andranno a creare l'attrito nel disco, il disco può avere forme differenti con più o meno fori e disegni, ogni produttore adotta e può adottare un diametro del disco differente, cosa comunque importante se si dovesse procedere alla sostituzione non in garanzia delle parti, dunque tu devi andare ad acquistare disco o pasticche di prestare attenzione alle

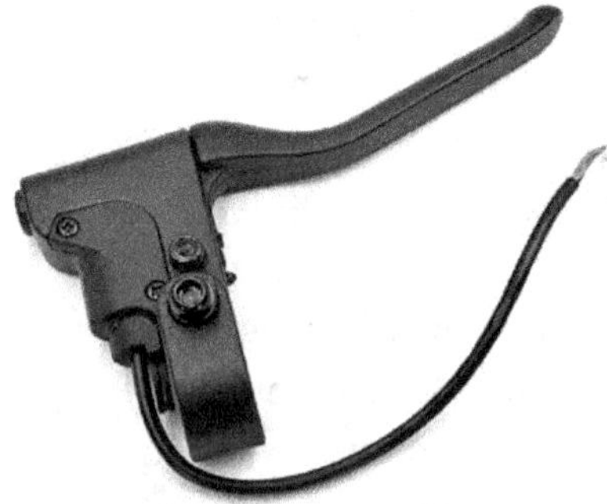

dimensioni di quelli che il tuo monopattino elettrico monta già in dotazione. Poi abbiamo la leva dei freni che solitamente è in alluminio o plastica ABS ad alta resistenza connessa con il filo dei freni che arriva proprio sotto

alle pinzette. La Leva dei freni ha anche un cavo elettrico che è quello che va cablato sulla centralina per poter far accendere gli stop posteriori quando freniamo, in più come già detto in precedenza molte centraline quando va premuta la leva va in modalità freno motore, facendo funzionare la tua ruota motrice come un vero e proprio freno, rigenerando anche elettricità

che in teoria, ma solo in teoria può ricaricare la tua batteria.

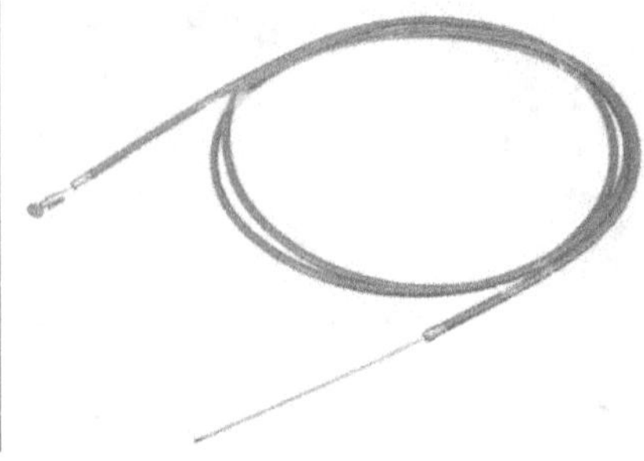

Qui trovi tantissime offerte su freni, impianti completi, componenti per i freni a disco con sconti e promozioni riservate ai miei iscritti, follower e Lettori!

TI RICORDO CHE QUESTI SONO SOLO ALCUNI PRODOTTI IN PROMOZIONE DISPONIBILI SUL MIO CANALE TELEGRAM DELLE OFFERTE!

SE NON LO HAI ANCORA FATTO SCANSIONA QUESTO QRCODE CON IL TUO SMARPHONE E ISCRIVITI AL CANALE!

È possibile anche installare dei kit sovradimensionati, che abbiano una forza frenante e un'affidabilità molto superiore a quelli di serie, comunque per esperienza consiglio di verificare le compatibilità di bulloneria, ingombri, spazi per non dover effettuare modifiche molto invasive al tuo monopattino e di avere sempre disponibile tutta l'attrezzatura basica per poter effettuare tutte le riparazioni e Upgrade.

In merito all'attrezzatura ti inserisco 5 QRcode

Acceleratore e interruttori

Il monopattino elettrico anche il più semplice ed economico è un concentrato di tecnologia,meccanica,elettronica.Tutti i prodotti tecnologici che si rispettano hanno interruttori, cavetteria e nello

specifico abbiamo anche il gruppo di accelerazione che molte volte è incluso dentro al modulo di settaggio, l'Acceleratore in un monopattino non è altro che una levetta analogica che connessa tramite un circuito elettronico e cavetti alla scheda motore che abbiamo visto e analizzato in precedenza ci permette di regolare la potenza del motore, il numero di giri dunque la velocità del mezzo di locomozione. Il controllo è del tutto isolato, nel senso che non è possibile dall'esterno mediante ulteriori contatti andare a controllare la velocità dei giri del motore. Questo in foto è il gruppo di controllo e accelerazione del KUGOO M4 Pro ma non solo, diciamo che è uno dei computerini/acceleratori più utilizzati dai costruttori di monopattini elettrici. Perché è il più usato? Grazie alla sua versatilità, alle sue funzioni, al grande display dove ti mostra in tempo reale moltissime informazioni sullo stato del tuo monopattino, sugli errori, chilometri totali, chilometri parziali e ha per finire un interessantissimo Menù nascosto dove puoi andare a settare moltissime impostazioni del monopattino.

Quali impostazioni nascoste ha questo modello di display/computerino/Acceleratore?

1) Imposta tensione della batteria
2) Imposta dimensione ruota
3) Imposta velocità di crociera (mantiene la velocità ove abilitato)
4) Partenza con o senza spinta

Molti monopattini più smart hanno un'elettronica che si collega al tuo smartphone, da lì potrai accedere alle impostazioni del monopattino, settare e abilitare nuovi funzionamenti nascosti. Questo computerino invece non ha interfaccia di comunicazione Bluetooth dunque tutti i settaggi vanno fatti solo ed esclusivamente dal computerino. Sono disponibili ben 4 modelli differenti che vanno scelti in base alla tensione

della batteria del tuo monopattino elettrico, modello da 24v/36v/48v/60v

Un modello differente è invece questo, che si presenta molto più piccolo e semplicissimo. Questa infatti è esclusivamente una leva Acceleratore per alcuni monopattini elettrici, quelli più compatti e leggeri. Va compatibile con i modelli Xiaomi e Ninebot e possiede solo i cavetti di "controllo" che vanno cablati alla centralina con gli appositi connettori ad innesto o ove non ci siano saldati e isolati facendo molta attenzione ad eventuali cortocircuiti. Questi monopattini più compatti hanno infatti divisi display e Acceleratore, per limitare al massimo l'ingombro e rendere molto più semplice l'uso e il trasporto. Parlando invece di interruttori o ulteriori tasti di controllo possiamo dire che la loro presenza dipende tantissimo dal modello di monopattino elettrico, i modelli economici o di bassa potenza hanno solo un tasto di accensione/spegnimento dallo stesso tasto pigiandolo in maniera differente puoi accedere a menù o accendere le luci anteriori led di potenza. Altri monopattini elettrici invece come i cinesini KUGOO & similari presentano un cruscotto davvero carico di accessori/tasti e interruttori. Il primo interruttore molto interessante è quello che ti protegge da eventuali furti o partenze

accidentali, stiamo parlando della chiusura con la chiave. Questo non è solo un accessorio di bello stile ma ha un funzionamento importante e se di buona qualità ha integrato anche un piccolo display led rossi che ti indica in tempo reale il Voltaggio della tua batteria. Possiamo dunque dire che questo "accessorio" non in tutti i monopattini viene inserito, ma ove si voglia sarà possibile andarlo a

installare. Per il cablaggio basta cablare i due cavi che escono dall'interruttore a chiave alla tua centralina nei fili dedicati appunto alla chiusura manuale con chiave. Senza la chiave inserita e girata il tuo monopattino non potrà partire, questo è un deterrente per i ladri? Può essere una buona soluzione, ma purtroppo, se il ladro è un 'esperto' non avrà problemi a far partire il monopattino anche senza il giro di chiave...... Servono accessori esterni come un

allarme elettronico "immobilizer" per poter davvero avere una sicurezza in più, ma ne parleremo più avanti.

Questo a sinistra è l'elettronica/display del monopattino elettrico Xiaomi, anche ulteriori differenti marchi utilizzano un display incassato nel corpo dello sterzo e con Acceleratore esterno a levetta come quello

precedentemente analizzato. Piccolo, compatto e con un unico tasto per accensione/menu segreto e accensione luce frontale.

Impianto luci

Il monopattino diviso schematicamente per semplificarne il funzionamento possiamo riassumerlo, per quanto riguarda la parte elettrica in

1) **Impianto di potenza**
2) **Impianto di controllo**
3) **Impianto di segnalazione/sensori**
4) **Impianto luce**

Andiamo ad analizzare l'impianto luce che è quello importantissimo anche per quanto riguarda le normative che regolano oggi i monopattini. Tutti i monopattini elettrici devono essere dotati già da casa madre di una luce bianca frontale e una rossa posteriore, la luce bianca solitamente è realizzata con power led da qualche Watt di potenza, i led rossi sul posteriore invece sono solitamente led SMD di media potenza. Le luci sul monopattino sono molto importanti per l'uso in notturna, un mezzo di questa tipologia senza le dovute luci NON sarà affatto visibile agli automobilisti, anche perché valutando la silenziosità dello stesso e la reattività (velocita) tante volte possono essere causa di gravi incidenti stradali, con ovvia colpa dei monopattini ove non abbiano luci di segnalazione. L'impianto elettrico originale del tuo monopattino può avere tensioni di funzionamento che vanno dai 24 ai 60v, questo varia in base al modello e alla batteria installata, prendiamo come esempio il Kirin M4 pro, monta batteria agli ioni di litio da 48v, l'impianto luci è stato realizzato a mio avviso in maniera non molto professionale, molto ''al risparmiò'. Analizziamo dunque cosa ho trovato e perché secondo me è un impianto non correttamente eseguito. Una buna parte di luci presenti sul M4 pro ha una tensione di lavoro di 12v (led sotto pedana, faretto frontale, luci rosse di posizione posteriore). A questo punto anche una persona meno esperta può dire, se sono strip led e luci a 12v vuol dire che l'impianto elettrico funziona a 12v!

Dunque, se io voglio aggiungere altri faretti mi basta solo collegare il tutto in parallelo e potrò alimentare in semplicità ulteriori accessori…. NO, non è affatto così! L'impianto luci è stato realizzato con la connessione SERIE, in poche pochissime parole i 4 moduli luminosi funzionanti a 12v sono stati connessi tutti in serie arrivando a 48v totale. Tu mi dirai ottima soluzione per non avere ulteriori componenti (dcdc converter) tra i piedi… Io ti dico sì, può essere comodo se non vuoi aggiungere ulteriori componenti che ti abbassino la 48v a 12v, ma c'è un problema di fondo che questi tecnici non prendono in considerazione.

1) Se solo uno dei moduli connessi in serie si guastasse, tutti gli altri di conseguenza andrebbero fuori gioco
2) Alimentare moduli led 12v cc con una connessione simile per risparmiare 8€ di DCDC converter è davvero una vergogna
3) Avere la 12v su un monopattino è davvero importante, poiché la maggior parte di accessori/luci lavorano a questa tensione
4) Se invece solo uno di questi moduli led si bruciasse, agli altri aumenta la tensione e quindi degrado maggiore che porterà alla rottura di tutte le luci presenti in quell'impianto.

Detto questo abbiamo capito che prima di fare delle considerazioni per nostro monopattino dobbiamo analizzare sul pratico com'è stato assemblato, che luci e a che alimentazione lavorano. Il mio M4 Pro possiede anche altre luci, per esempio lo stop e le frecce laterali, che funzionano però direttamente a 48v tramite un circuito integrato sul pcb dei led che ne abbassa la tensione. Anche qui sono stati furbi, lavorando e avendo esperienza decennale con la tecnologia led vi posso dire che la loro soluzione è stata quella di creare un PCB o board o se la vuoi chiamare circuito stampato con i chip led in serie, connessi in serie i chip led permettono di alimentare il tutto a tensione più alta. Analizziamo ora anche questo dettaglio che credo ti possa essere utile come tua conoscenza personale.

Se sei appassionato della tecnologia e vuoi approfondire il tuo sapere anche per la tecnologia LED ti invito a visionare il mio fascicolo tecnico dedicato ai LED e alla tecnologia che ha rivoluzionato il mondo!

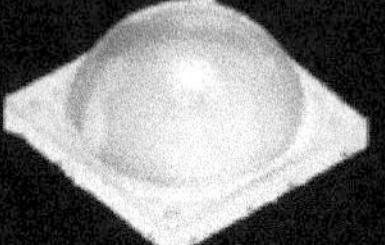

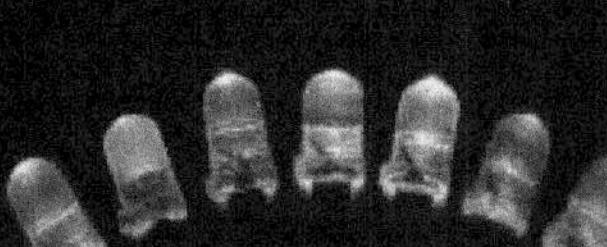

DIY
GFELETTRONICA
La tecnologia LED
GFELETTRONICA
LED
Il LED e la tecnologia che ha rivoluzionato il MONDO
COSA SONO I LED
MODELLI E DIFFERENZE TECNICHE
UTILIZZO E SALDATURA
SCELTA DELLA COLORAZIONE CORRETTA
CAMPI DI LUNGHEZZA D'ONDA
ALIMENTAZIONE E DISSIPAZIONE
LED SUPER TECNOLOGICI
CAVI DI COLLEGAMENTO
FUSIBILI DI PROTEZIONE
CON CONTENUTI EXSTRA!
LED
Fox Tech Channel   GFELETTRONICA   GF.ELETTRONICA@LIVE.IT

Andiamo nel concreto ti riassumo comunque qualcosina, che poi sul mio fascicolo tecnico dedicato ai led potrai approfondire ed analizzare.

I led possono essere connessi in base alle necessità specifiche e alla quantità di luce che ci interessa, ti inserisco qui alcuni esempi pratici di impianti led chip in serie di buona efficienza, è normale che se voglio utilizzare meno led in serie con una specifica tensione posso farlo senza problemi! Per esempio, a 48v non per forza devo utilizzare 24led (con massima efficienza) ma potrei anche averne 12 in serie o più o anche meno! Cosa cambia? Varia il valore del resistore che ci sarà nel circuito elettrico.

Led Bianco/blu/verde da 3v

3 led in serie + resistore possono lavorare a 12v

6 led in serie + resistore possono lavorare a 24v

9 led in serie + resistore possono lavorare a 36v

12 led in serie + resistore possono lavorare a 48v

Led rossi da 2v

5 led in serie + resistore possono lavorare a 12v

11 led in serie + resistore possono lavorare a 24v

17 led in serie + resistore possono lavorare a 36v

24 led in serie + resistore
possono lavorare a 48v

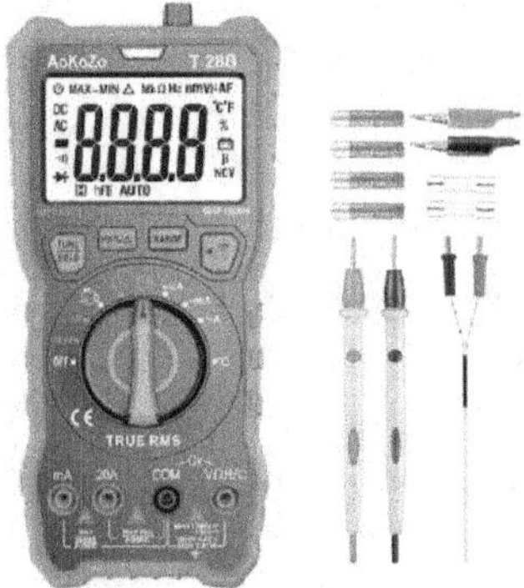

A questo punto, come fai a capire a quanti volt sono alimentati i tuoi led? Devi avere a portata di mano un Voltmetro, misurando i poli di alimentazione potrai immediatamente risalire alla tensione di alimentazione. Poi ovviamente leggendo sul PCb o sulle strip led ci dovrebbe sempre essere riportata una scritta con specificato se sono a 12v o 24v o 48v. Il mio Kirin per esempio gli indicatori direzionali che sono 2 lavorano ad alta tensione 48v diretto, e includono anche un cicalino che fa BIP – BIP – BIP. Gli indicatori sono a led arancione e fanno l'effetto scia luminosa, questo sta a significare che non sono dei semplici led ma c'è un complesso circuito e microcontrollore che ne controlla l'accensione.

L'impianto originale del monopattino solitamente può essere controllato in totalità dalla centralina/controller motore ma non tutte hanno anche la funzione di controllo luci. Fai attenzione dunque a cablare nuove luci nel tuo impianto senza avere la certezza delle tensioni di alimentazione. È vero che oggi in commercio esistono faretti led di potenza come quelli che ho installato io sul mio Kirin che accettano tensioni di alimentazioni che vanno da 8 a 36v, alcuni arrivano anche a 48v ma devi prestare attenzione quando andrai ad acquistarli. I miei installati sono 2 e non accettano tali alte tensioni, vanno da 8 a 13v e come da standard ho realizzato un impianto secondario per poterli alimentare correttamente. Ciò che ho realizzato è partito dalla batteria con uno sdoppiatore XT60 e arrivato ad un DC DC converter (step down) che si occuperà di abbassare la 48v in 12v, dove a questo punto posso alimentare tutto quello che mi interessa.

Questo video ti spiega come ho cablato le luci e il caricabatterie USB a doppia uscita 5v in più come ho collegato allarme sonoro 48v

10W U13
MOTORCYCLE LED SPOTLIGHT

5 Type

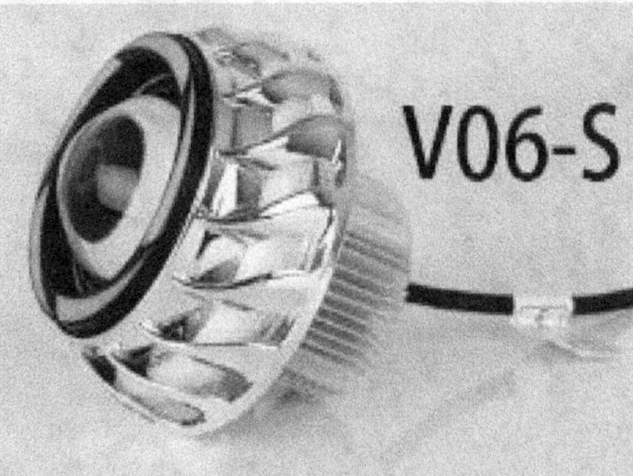

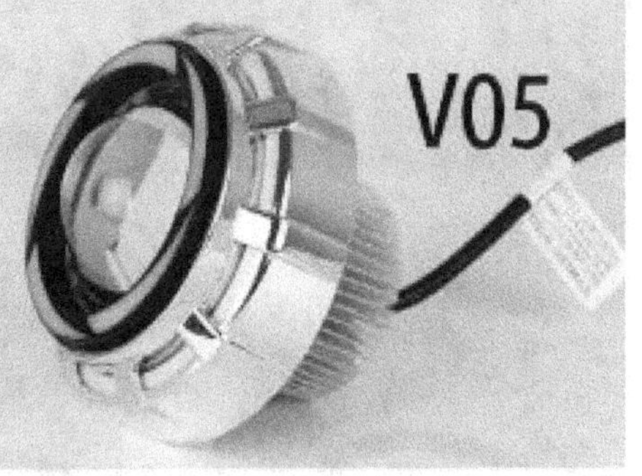

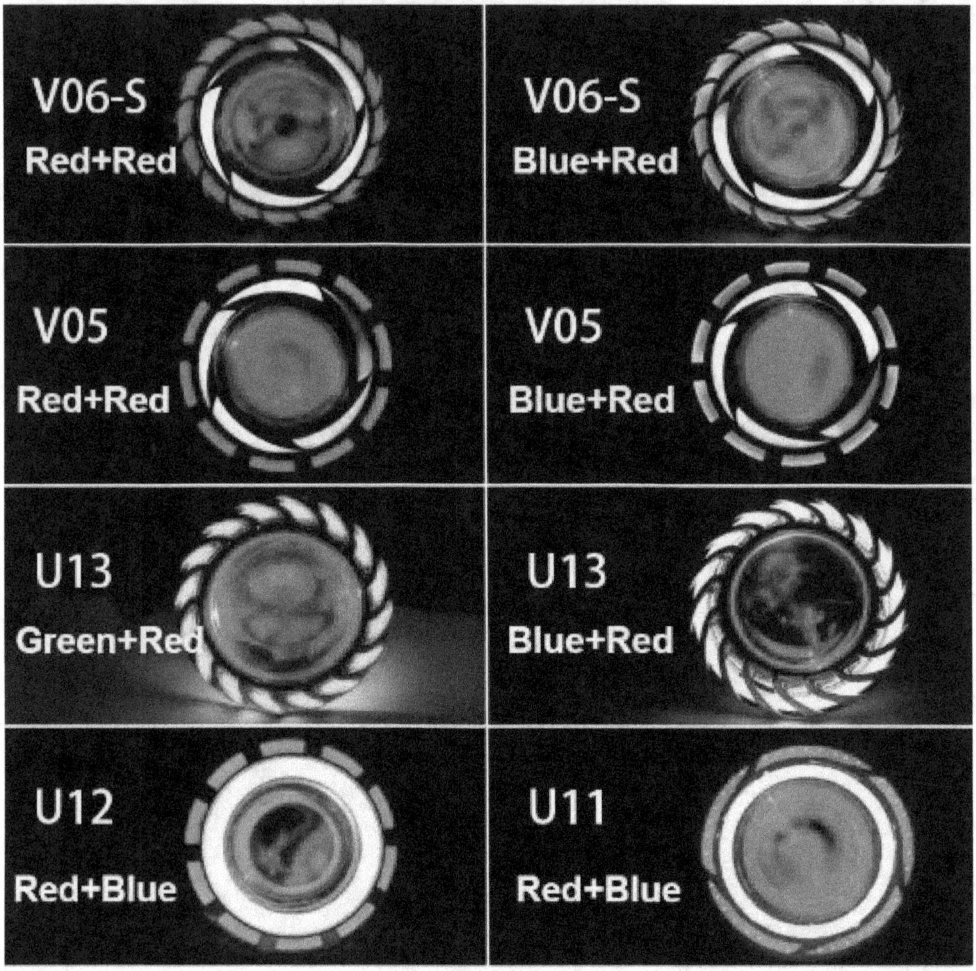

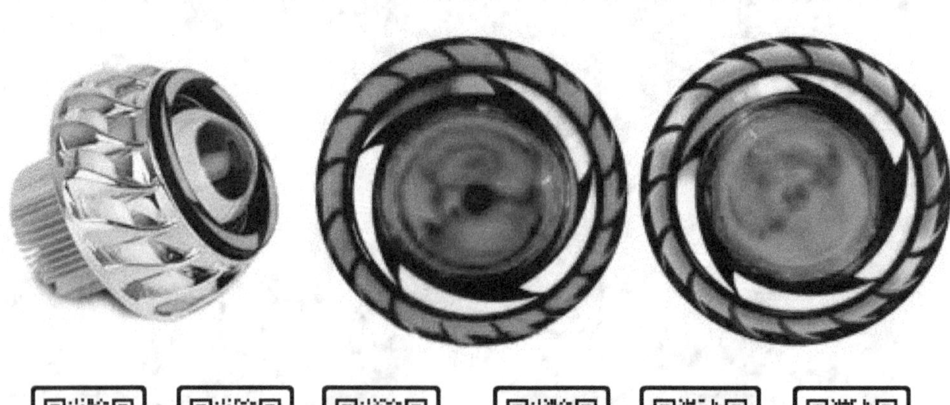

V06-S
Red+Red
V06-S
Blue+Red
V05
Red+Red
V05
Blue+Red
U13
Green+Red
U13
Blue+Red
U12
Red+Blue
U11
Red+Blue

SCAN ME

SCAN ME

SCAN ME

SCAN ME

SCAN ME

SCAN ME

Se vuoi creare un circuito parallelo per andare a montare delle luci secondarie, una porta usb per la ricarica del tuo smartphone allora dovrai seguire il video che ti ho inserito in precedenza, ma ora andiamo ad analizzare cosa ti servita per poter abbassare la tensione della tua batteria originale 24/36/48/60v in 12v. Ti serve un convertitore CC step down, questi convertitori compatti nelle dimensioni servono proprio a scendere l'alta tensione continua e portarla sempre e stabile a 12v, esistono modelli che danno in uscita anche la 5v o ulteriori tensioni.

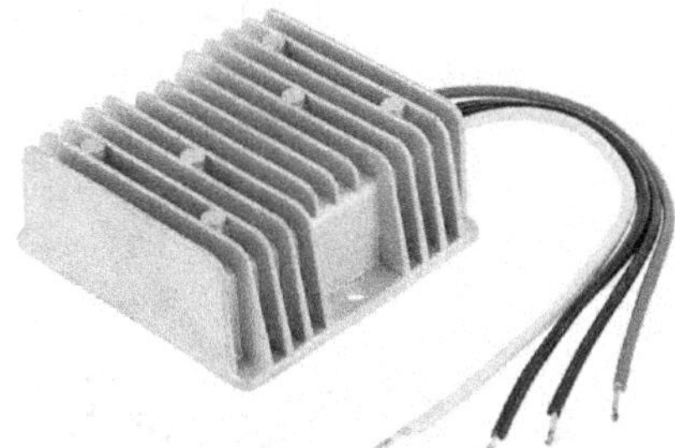 

Come scegliere lo Stepdown corretto?

Per scegliere quello giusto tra le centinaia e centinaia di modelli che abbiamo online dobbiamo prima sapere cosa vogliamo, cioè cosa ci serve e cosa vogliamo fare. Se per esempio voglio montare 2 faretti supplementari LED che funzionano a 12v e hanno come potenza 10w cadauno cosa dovrò prendere? Un Convertitore che mi abbassi la mia tensione batteria in 12v ovviamente. Quanto è la tensione della tua batteria? 36v o 48v? allora scegli quello che ha come caratteristiche

Ingresso dc: 36v

Uscita DC 12v

Potenza: >20w

Un fattore importante è quello della potenza massima, scegli sempre un convertitore che possa avere potenza superiore a quella che nella realtà vai a richiedere, poiché sotto sforzo riscalderanno e perderanno anche di efficienza. I convertitori comunque hanno ottime potenze che possono anche arrivare a 500w, ma ovviamente su un monopattino e per due luci led sono davvero uno spreco di soldi e di spazio, perché ovviamente ha un ingombro non indifferente. Posso consigliarti dunque prima di ordinare verifica anche dove vuoi andare a posizionare il convertitore, se il monopattino ha spazio libero sotto pedana allora va benone, scegli uno che si adatti, se non hai purtroppo spazio al riparo cosa devi fare?

Questi convertitori (quelli con isolamento IP67) possono andare installati anche all'esterno, infatti grazie al corpo in alluminio e agli avi resinati il converte potrebbe anche trovare alloggiamento fuori della pedana, io oggi lo monto dentro il vano batteria, ma sono certo che dal momento che vado a mettere la batteria più grande e voluminosa NON avrò più spazio e dunque dovrò per forza andarlo a mettere esterno alla pedana, magari su un lato con i cavi ben nascosti da guaina termoretraibile. La scelta alternativa potrebbe essere l'uso di nuovi Convertitori NON isolati, come vedi in foto sono dei circuiti stampati  che hanno un ingresso e un'uscita di alimentazione, questi vantano dimensioni davvero davvero contenute, e se la tua necessita è quella di sfruttare uno di questi sappi che vanno isolati in maniera corretta, un eventuale cortocircuito potrebbe causare danni alla batteria/circuito convertitore. Quando puoi puntare su questi convertitori slim? Quando necessiti di poca corrente in uscita, se il tuo o i tuoi utilizzatori se sono più di uno hanno altissimi assorbimenti di corrente allora è meglio puntare sul classico Convertitore stagno, se invece si parlasse di basse correnti allora potresti puntare a utilizzare uno di questi. Ti lascio sotto tutti i QRcode con i prodotti, troverai vari modelli, potenze, e tensioni. Fai attenzione alla scelta, ma credo che a questo punto avrai capito come dimensionarlo in maniera corretta al tuo scopo.

STEP DOWN DC/DC

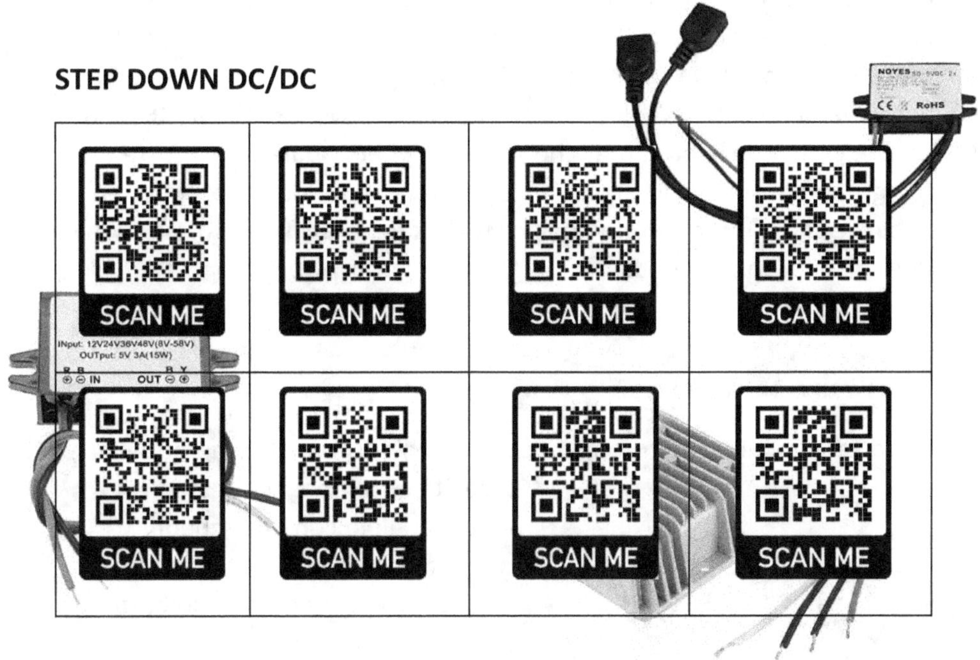

Batteria & BMS

Siamo finalmente arrivati alla parte che più mi piace, e che per chi mi segue già su YouTube/Facebook e in generale i miei social media saprà già che sono un fanatico delle batterie e della tecnologia Litio in generale. Ho iniziato già sette anni fa a riparare/costruire batterie litio personalizzate. Oggi ho in attivo ben due Webinar/corsi Online con decine di studenti in tutto il territorio nazionale. Il settore batterie litio oggi è diventato ma questo ne parlavamo già anni fa sul mio canale YouTube UN SETTORE D'ORO. Chi oggi ha esperienza in questo settore avrà molte soddisfazioni, sia dal punto di vista lavorativo che economico. I maggiori produttori di batterie oggi sono i Cinesi, parlando sia di celle sfuse che di batterie assemblate. L'Italia purtroppo tranne qualche mio studente e io in prima persona ancora non vanta una buona rete di costruttori. Sto lavorando ormai da mesi per creare una rete di appassionati e professionisti (BATTERYMAKER) che studiano, si applicano nel loro territorio per riparare e dare servizio di assistenza a tutti quelli che necessitano di batterie nuove, o riciclaggio o ancora riparazione. Se anche tu volessi accedere a questo fantastico mondo sei invitato ufficialmente ad iscriverti al mio corso online Batterymaker,in alternativa c'è anche un secondo corso che è proiettato sempre sulle batterie litio ma sulla costruzione di grandi gruppi di accumulo energia, oggi chiamati POWERWALL, il corso si chiama POWERWALLMAKER e ti darà le conoscenze basi, pratiche e teoriche per andare a realizzare un tuo gruppo di accumulo di energia elettrica sfruttando i pacchi batterie litio, che siano Li ion, Lifepo4 o ancora LTO. Per maggiori info, iscrizioni e dettagli puoi contattare la mail gf.elettronica@live.it.

Cos'è una batteria litio?

La batteria a litio è un insieme di celle litio di forma potenza, modello, capacità differente connesse in serie/parallelo con una scheda elettronica di bilanciamento chiamata BMS. Esistono in commercio batterie per monopattino con celle 18650,21700,26650. Cosa indicano questi numeri? Indicano le dimensioni della 'cella'.

LE DIMENSIONI DELLA CELLA 18650

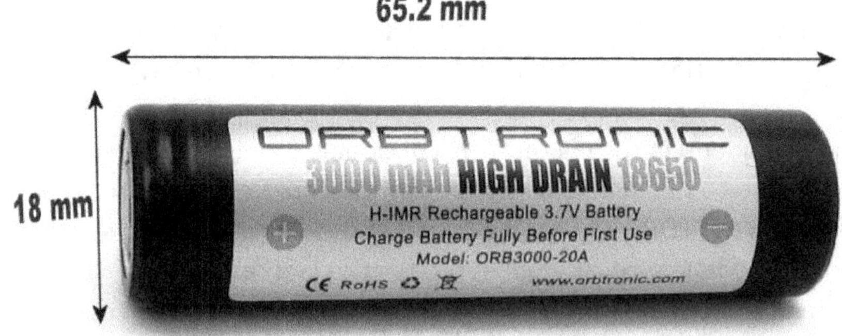

Com'è fatta dentro la cella?

La cella al suo interno ha un lenzuolino lungo qualche metro di materiale isolante affiancato con materiale semiconduttore, in più un liquido che mantiene gli elementi elettrolitici in buono stato di vita. Questo lenzuolino lungo qualche metro viene arrotolato su sé stesso andando a formate un cilindro morbido, dove nel punto centrale abbiamo il polo POSITIVO e nel punto di fine esterno abbiamo il polo NEGATIVO. Questo poi verrà inserito dentro al contenitore in metallo e verranno connessi al metallo di "massa" carcassa e al polo metallico positivo della cella. Più è lungo il lenzuolino, più giri avrà il nostro cilindro di materiale conduttore/isolante più sarà pesante la nostra cella e più sarà ovviamente la capacità di accumulo della stessa.

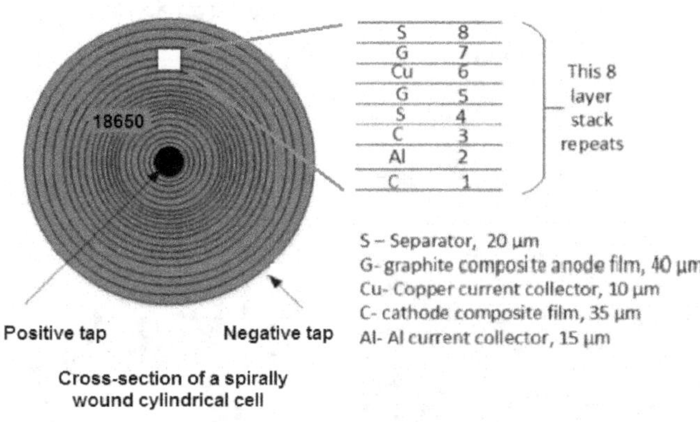

Cross-section of a spirally wound cylindrical cell

La capacità delle celle si misura in mah (milliampere/ora)

Una Cella di buona capacità va dai 2000 ai 3500mah, esistono comunque celle con capacità inferiore, come per esempio: 700mah-900mah-1000mah-1200mah.Ottime ove non si necessita di grande autonomia. Ove invece hai necessità di autonomia esistono anche celle molto più prestazionali! Ovviamente tutto è proporzionale al budget di spesa che hai per il tuo progetto. Abbiamo infatti celle da:3100mah-3200mah-**3500mah** è la migliore attuale cella sul mercato!

Ovviamente stiamo parlando di celle Brandizzate, originali e di qualità. Poiché su e-commerce esteri troviamo celle anonime con valori che superano nettamente questa soglia. Ma come andremo a vedere e come avete già potuto capire dal video "fake cell" sono solo falsari che vendono prodotti di bassa qualità o bassa capacità inserendo etichette false. Nelle celle 18650 come valore di scheda tecnica importante è da tenere in considerazione anche la corrente max di scarica. Abbiamo infatti celle che riescono a dare scariche di corrente sotto sollecitazione di oltre 10/15/20Amper.Esistono celle per particolari usi vedi (sigaretta elettronica) che riescono a dare impulsi di oltre 30/38A.

POLO POSITIVO

Esistono due alternative per il polo positivo, una è quella di un polo piatto a livello della guaina e isolatore di carta, e la seconda è quella ''sporgente' 'Per esperienza vi dico che NON dovete andare a spendere soldi ove la cella sia modello SPORGENTE in quanto è già un dato che ci fa pensare sia FAKE. Le celle di buona qualità sono tutte con polo positivo PIATTO, questo perché le grandi aziende le vanno a saldare con puntatrici

ALCUNE CELLE COMMERCIALI

TROVA L'INTRUSO/I

TR18650   TR18650   UltraFire   SONY   SANYO   SAMSUNG   Momiji

IN QUESTA FOTO ABBIAMO 7 CELLE COMMERCIALI CHE POTRETE TROVARE NEL MERCATO, FATE BENE ATTENZIONE A LEGGERE I DATI DI TARGA. COSA NOTI DI STRANO?

Tutte le celle 18650 racchiudono dentro la cover plastica, su polo positivo un piccolo cerchietto di carta o cartone, che ha lo scopo e compito molto importante di mantenere al massimo isolato il corpo della cella (negativo) con il polo positivo.

Come sappiamo sono a una distanza di pochi mm uno dall'altro. Un cortocircuito comporterebbe gravi danni alla cella e anche all'operatore che per caso si trova nei paraggi. Queste celle infatti ove messe in cortocircuito andranno in over e in meno di qualche secondo o minuto si avrà un'auto scarica con scoppi e fiamme. Tutto questo dipende anche da cella a cella, esistono celle di buona qualità che adottano dei piccoli accorgimenti che minimizzano l'esplosione, ma esistono anche celle low Quality che in meno di pochi secondi esplodono come petardi. Andiamo a dire anche che alcune celle possono essere di buon BRAND ma possono essere "difettose". Questo vuol significare che pur essendo di good Quality possono non rispettare le norme e gli standard di sicurezza della casa madre. Questo è un caso molto difficile, ma può sempre capitare ci imbattiamo su una cella "acquistata a basso costo ma di buona qualità".

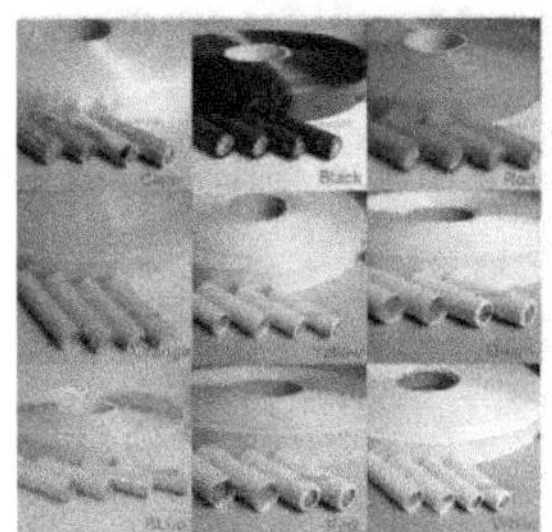

Un altro componente importantissimo di una cella 18650 è la cover, la cover esiste di vario colore e spessore, la standard comunque è una pellicola termica che dopo essere stata inserita basta una fonte di calore per farla restringere e aderire tutta attorno alla carcassa della cella stessa.

Cosa molto importante per la sicurezza è questa pellicola, in quanto mantiene la cella ben ISOLATA, il corpo della stessa infatti è tutto polo negativo e potrebbe capitare che con altre celle "spogliate di cover" ci diano un mega cortocircuito con possibili esplosioni e fiamme. Non dimenticare di cambiare la copertura ove ci siano strappi o guasti! È molto importante averla sempre perfetta su tutta la superficie!

COME SI TESTA LA BATTERIA:

Il test della batteria deve portarvi
ad attenzionare ogni eventuale
stranezza nel suo funzionamento,
sia per quanto riguarda calore
generato dalle componenti che
dalla "stabilità di tutto il sistema".
Tutto deve funzionare in maniera
lineare, continua e senza falsi

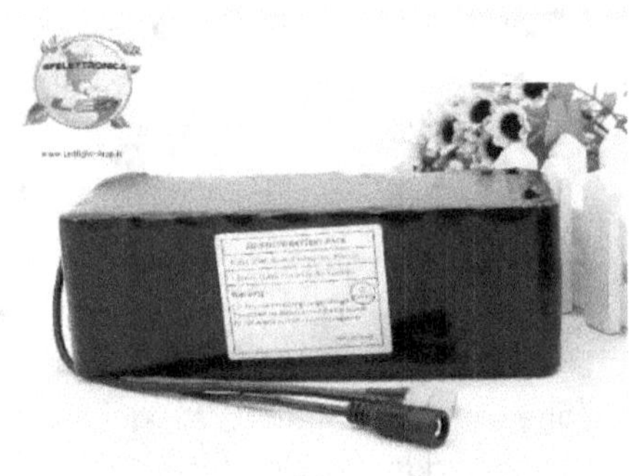

contatti. Dopo aver verificato di non aver fatto errori nelle connessioni e
tutto pare funzionare, vai a misurare con un tester le varie tensioni,
quelle della cella (**nel caso** 10S) devi misurare cella per cella in serie in
più quelle di uscita alla scheda (ove utilizza una scheda con parte OUT).

Le tensioni che DEVI AVERE*: 0v – 4.2v – 8.4v – 12.6v – 16.8v – 21v –
25.2v - 29.4v - 33.6V - 37.8V - 42V

*Questi valori di tensione li avrai solo se tutte le celle sono cariche al
massimo, ove invece le celle non lo siano è normale che le tensioni
sfalsano a meno di questi valori, l'importante però che facendo i calcoli
abbiate sempre le tensioni corrette settore per settore (serie per serie).

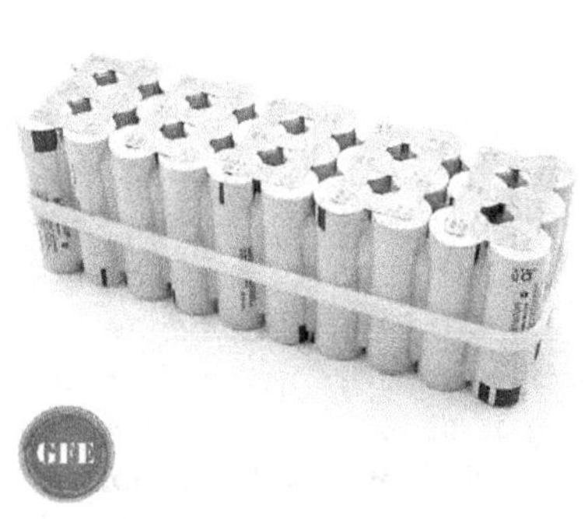

Per andare a connettere il tuo carico
ti consiglio di utilizzare ovviamente
cavo elettrico di qualità questo andrà
saldato sui vari PAD della scheda,
alcune schede di bilanciamento
hanno come uscita su PAD solo il
NEGATIVO, il **POSITIVO** va preso
direttamente dal pacco batteria (cella
finale con polo positivo) Questo
perché la scheda va a lavorare e
chiudere dove necessario (in caso di

scatto protezione termina, cortocircuito , sovraccarico) il Polo negativo,
avendo il polo positivo direttamente connesso al tuo carico.

Come ultima cosa quando abbiamo la conferma che il nostro pacco
batterie funziona in maniera ottimale, sia come scarica che come carica
è arrivato il momento di mettere al sicuro la componentistica, la

50

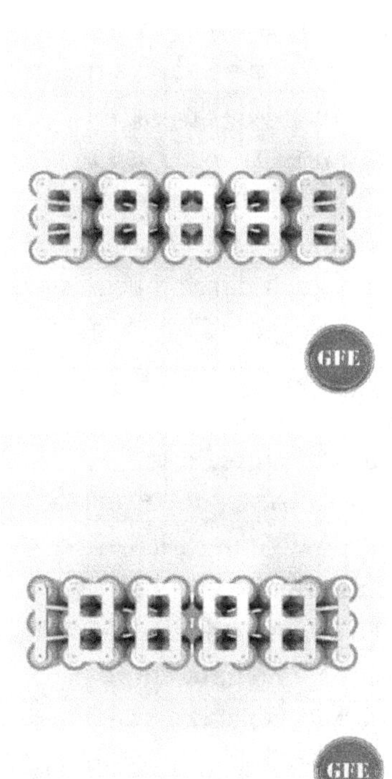

soluzione migliore è quella di utilizzare le nostre calze plastiche, basta inserire la batteria dentro e riscaldare con un phon la stessa, in pochi secondi il pacco batterie sarà isolato, e le componenti al sicuro da schizzi ed eventuali accessi di corpi metallici (cortocircuiti).

Se utilizzate schede di gestione di qualità non vi servono fusibili dentro alla batteria, in quanto l'elettronica farà da protezione interna, un consiglio che però ti do è quello di mettere il fusibile FUORI dalla batteria, cioè sul cavo POSITIVO in uscita dalla batteria, fate molta attenzione a quale utilizzate, pericolo di incendio del cavo e scheda in casi in cui non sia stato inserito un fusibile corretto. Tutte le batterie di monopattino elettrico hanno una BMS integrata, essa è quella parte che gestisce in maniera automatizzata la carica e la scarica delle varie celle litio inserite dentro al tuo pacco. In base alla qualità della BMS dipendono vari fattori/prestazioni/funzionamenti.

Esempio scheda di regolazione di Carica per Pacco Batteria 10s

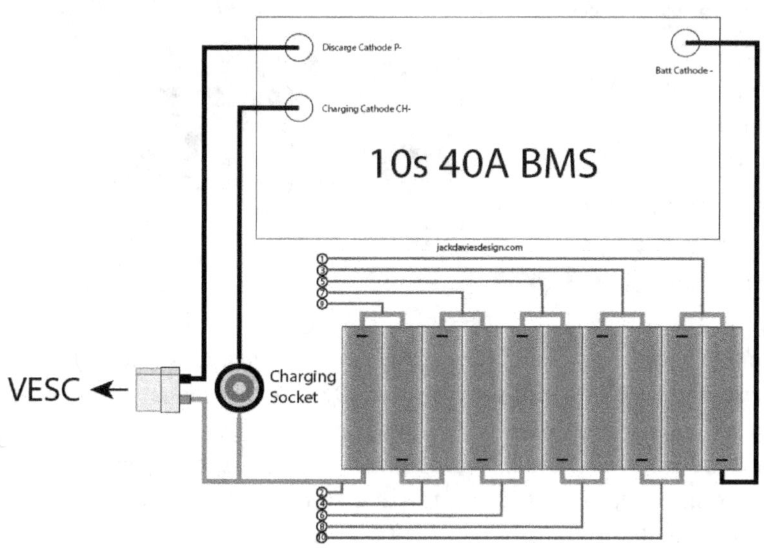

Esistono in commercio differenti centraline di controllo e bilanciamento carica, come facciamo a distinguere quale fa al caso nostro? Nel caso di un pacco batterie da 10 celle in serie e con tensione finale di circa 36V dobbiamo obbligatoriamente andare ad acquistare una scheda fatta appunto per questo scopo. In Foto la scheda 10S, piccola nelle dimensioni ma precisa e molto affidabile, grazie alle varie protezioni integrate, vedi protezione temperatura, protezione sovraccarica, cortocircuito e low charger (bassa tensione delle celle). Infatti, abbiamo il sistema che ci protegge le celle da una carica oltre soglia e da una scarica sottosoglia. Un altro dato importante per scegliere la scheda è la corrente massima d'uscita, questa scheda infatti ha come max corrente di uscita circa 15A, questo è un dato come dicevamo importante perché in base a cosa dobbiamo andare ad alimentare va scelta la scheda. Più il nostro carico assorbe corrente più la nostra scheda di bilanciamento carica dovrà permettere una corretta alimentazione dello stesso. Se devi alimentare un circuito da max 42V con basso assorbimento puoi scegliere una Scheda BMS con corrente bassa, ma più sarà il suo consumo più grande e prestazionale deve essere la scheda.

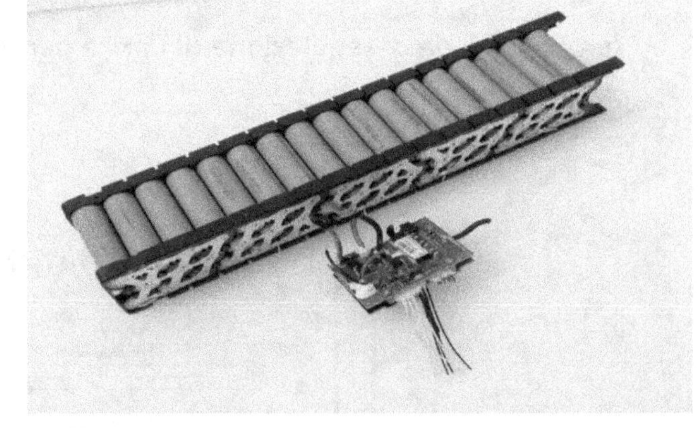

La scheda come ormai avrai inteso, fa un doppio lavoro, quello di ricaricare le celle, infatti ricaricherà in maniera distinta e separata le 10 celle che tu hai saldato in serie, questo grazie alle interconnessioni con la cavetteria del BMS, Ogni cella andrà a ricaricarsi fino alla soglia di circa 4,2v e non sotto a circa 2.9v quando scarica. Il compito della scheda sarà quello di mantenere le celle a uguale tensione, durante tutta la vita del pacco batterie. Il secondo lavoro della scheda è quello di gestire il carico di potenza, dunque dare elettricità al tuo utilizzatore, gestire i picchi di corrente ed eventualmente proteggere da vari effetti esterni ed interni al pacco batterie.

QUALE SCHEMA ELETTRICO HA UNA BATTERIA DA 36V?

Come Puoi vedere il sistema 10S sono 10 batterie 18650 saldate in serie, questo sistema può essere utilizzato sia con 10 celle che con più celle (parallelate) Vedi esempio in basso.

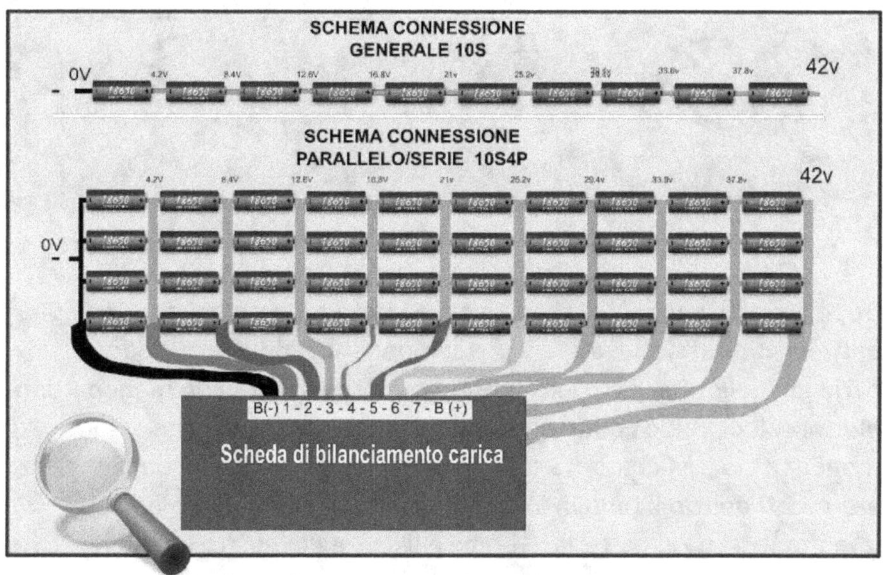

L'alimentazione per alimentare i tuoi carichi andrà prelevata dai pad della tua scheda di gestione, in base alla scheda differenziano i PAD.

Avrai comunque:

2 pad per la batteria (positivo/negativo) Più tutti i settori intermedi, che sono i punti di connessione tra le serie.

2 pad per il caricabatteria

2 pad per l'uscita di alimentazione utilizzatore

<u>Molti regolatori invece possiedono meno Pad, questo perché mettono in comune l'ingresso e uscita unificandoli in soli due PAD, avrete così due pad per ingressi carica/uscita Voltage e altri due per la connessione batteria.</u>

Il Sistema 10S si può ove necessario di più autonomia ingrandire quasi all'infinito, ciò consiste nell'installare più celle in parallelo, che abbiano ovviamente capacità uguale o con piccole differenze.

Dopo aver fatto un po' di teoria e averti fatto capire come funziona una batteria litio assemblata e le varie componenti, andiamo al sodo parlando nello specifico della batteria pronta e fatta su un monopattino elettrico. Il discorso comunque vale anche per bici elettriche. In un monopattino c'è la batteria solitamente sistemata sotto la pedana o in alcuni casi dentro il tubo in alluminio del manubrio. Perché è importantissima la batteria? Perché è il cuore del nostro mezzo di micromobilità, perché grazie a lei possiamo andare avanti e indietro e ancora se parliamo di batteria di buona qualità possiamo avere prestazioni ottimali per il nostro uso. Come già detto in precedenza la

batteria è in dotazione con il monopattino e tu prima dell'acquisto NON puoi né chiedere una differente né avere certezza che ciò che ti danno è di reale buona qualità e che sia conforme alle etichette di vendita.

Cosa devo fare per aumentare la percorrenza del mio monopattino elettrico? Devi aumentare la capacità della batteria.

Come si aumenta la capacità della batteria? Inserendo una batteria con un Wh e Ah alto, più sono alti questi due valori più percorrenza potrai avere con il tuo monopattino.

Posso installare una batteria aggiuntiva?

Certamente la pratica di ampliamento della
batteria è molto semplice e veloce da eseguire.
Solitamente si consiglia per avere massima
affidabilità, sicurezza elettrica e durata nel tempo
di utilizzare due batterie uguali.

Se non dovessero essere uguali sarebbe un grosso problema? No! Non
è un grosso problema, funziona ugualmente anche se non al meglio e in
totale sicurezza.

Come posso aumentare la forza del mio monopattino? La
forza/potenza del monopattino elettrico è molto importante, e la puoi
sperimentare nelle salite! Si hai capito bene...**Hai presente quando nelle
salite il mezzo di micromobilità arranca a 'salire'?** Si abbassa la velocita,
o addirittura in casi eccezionali va in tilt e si spegne perché appunto e
troppo sotto sforzo. Per rimediare a questo bisogna agire inizialmente
sulla BMS, la Bms è quella parte di potenza che spinge energia elettrica
al motore, se la Bms è piccola può spingere poca corrente al motore che
di conseguenza non avrà la scarica di corrente necessaria per le salite.
Come hai capito se vuoi potenziare il monopattino devi sostituire la
BMS!

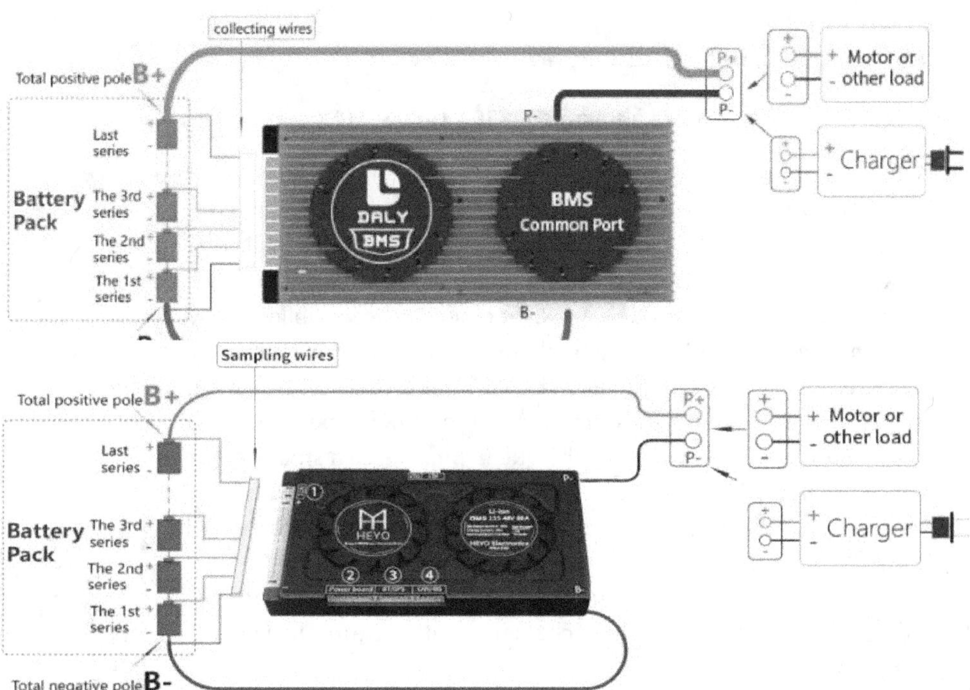

E come la sostituisci? Basta aprire la batteria originale, analizzare di che modello di tratta per esempio: 10s 13s 14s etc. e poi acquistare una BMS con una corrente di uscita nettamente superiore a quelle di serie. Normalmente i monopattini montano BMS con correnti di uscita che vanno dai 10 ai 25 Ampere, in casi eccezionali i più potenti e prestazionali i 500w per esempio hanno anche Bms con 30 Ampere di corrente in uscita. Dagli ampere di uscita possiamo calcolare quanta è la potenza massima che avrà la nostra BMS e di conseguenza quanto può essere la potenza a disposizione del nostro motore.

Batteria 48v con Bms 30 Ampere

Se calcoliamo la potenza abbiamo 48x30= 1440w MAX

Vuol dire che se il nostro motore in rettilineo ha un consumo in watt di 200w, in salita questo consumo aumenterà in maniera esponenziale, più è ripida la salita e più sarà lo sforzo del motore, dunque il suo assorbimento di corrente e di **WATT**. A questo punto abbiamo una potenza disponibile di 1440w che per esempio con un monopattino da 500w è più che accettabile, ma ovviamente parliamo sempre di MAX, cioè picchi di corrente per brevissimi archi di tempo, se necessitiamo di tenere a questi regimi il motore per esempio per lunghe salite la BMS non può più essere 30 Ampere MAX ma per esempio 60 Ampere max e 30 Tipico, Tipo vuol dire che quella Bms riesce a smaltire correnti di 30 Ampere senza problemi e senza limitazione di tempo. In più per brevi periodi può arrivare anche a 60 Ampere, che se facciamo i calcoli sono ben **2760w** che sono davvero davvero tanti!
Dunque, potenza in uscita ne dovresti avere, ovviamente questa è la teoria perché nella pratica è tutto da vedere...

Sostituire La Bms basta per potenziare il mio monopattino? Potenziare non vuol dire andare più veloce, ma avere più potenza quando serve, più coppia e più spinta. La velocità voglio ricordarti che da regolamenti è limitata a 25km/h e non deve essere mai variato o modificato alcun software o sblocco prestazioni. I monopattini elettrici come i 500w anche di serie però come abbiamo detto possono andare anche oltre i 25km/h (ove non limitati da software). Un'ulteriore modifica che potresti valutare di fare è quella di sostituire il controller motore con uno più potente, per esempio se il tuo monopattino monta un 500w, devi andare a montare un 750w o 1000w mantenendo sempre la tensione di lavoro standard per esempio 48v. Come ti ho premesso qualche riga sopra, questa è la storia ma la pratica? La pratica tante volte è un tantino differente, e la problematica sta nelle celle litio installate nella tua batteria. Se infatti le celle sono di pessima qualità, oltre ad avere poca capacità avrà anche poca corrente in uscita, la corrente in uscita dipende dal modello della cella. Ci sono celle con corrente tipica di 5 Ampere/8 Ampere o in casi di celle ad alto ampere si arriva anche a 20 Ampere.

Piu ampere ci saranno in uscita alle celle, più corrente il tuo pacco batterie può dare al motore, se la batteria monta celle da 5 Ampere e sono 5 in parallelo, facendo il calcolo avrai una corrente tipica di 25 Ampere, il discorso era differente se la batteria montasse celle da 10 o 20 ampere. Calcolando con celle da 10 ampere avresti avuto ben 50 Ampere di uscita, con lo stesso e identico numero di celle, di volume e forse con una piccola variazione di peso.

Facendo il riassunto la sostituzione del BMS può avere ottimi riscontri, ma il tuo pacco batterie deve montare celle di buona qualità e di buona corrente, cosa succede se monti una BMS con troppi ampere in uscita se la tua batteria invece non riesce a generare tutta quella potenza?

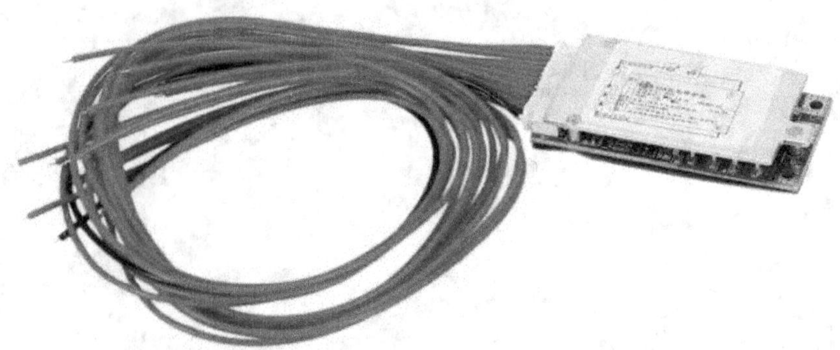

Nulla...Non succede nulla, o meglio funziona tutto nella norma ma ovviamente la BMS è sovradimensionata e lavora molto riposata, questa è una cosa positiva ma il costo che andrai a sostenere per l'acquisto della Bms più grande saranno stati sprecati

Un'altra parte importante se vuoi andare a potenziare il monopattino è quella di sostituire i cavi di alimentazione, di uscita batteria e di ingrasso nel controller con dei nuovi cavi con una sezione più grande. Piu sono grossi i cavi più corrente possono far scorrere e meno riscalderanno. Detto questo come hai capito le cose da tenere presente su una modifica alla batteria sono molte.

Un'ulteriore scelta può essere quella di utilizzare due batterie differenti connesse in parallelo, facendo così avrai più autonomia (si sommano le due capacità) attenzione che le batterie siano dello stesso voltaggio, dunque 48v con 48 o ancora 36 con 36v. Facendo l'installazione in parallelo potrai suddividere la potenza in due rami differenti, così facendo le due Bms e i due cavi delle due batterie lavoreranno sempre in percentuali molto più basse e 'riposate'.

Quando cabli due batterie a litio devi sempre andare a collegarle in parallelo, la prima è quella originale del tuo monopattino, la seconda solitamente viene inserite dentro uno zainetto rigido con dimensioni tali da consentire di riporla comodamente là dentro e tramite due fili di potenza (positivo e negativo) fatti fuoriuscire dal retro dello zainetto puoi andare a cablarli tramite i connettori ad innesto Xt60 come visto in precedenza.

Ti lascio il QRcode a questo mio video dove ti spiego perché le

batterie non devono essere mai connesse in serie ma in parallelo, scansiona il QR e iscriviti al canale YouTube, se vuoi commenta il video e vai a vedere tutti gli altri! Oltre 850 video molto interessanti ti aspettano!

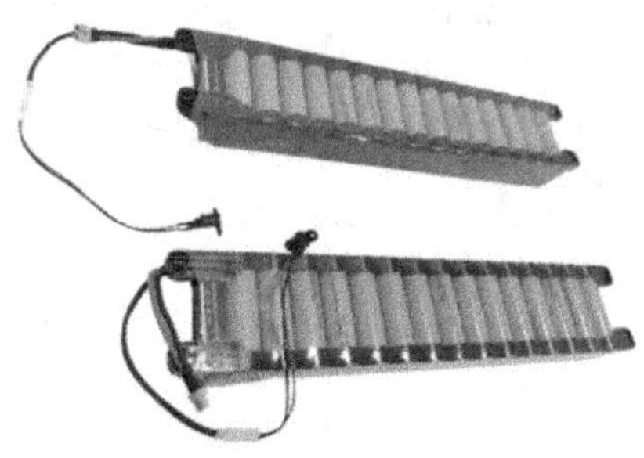

La batteria di serie in un monopattino elettrico è simile a questa a sinistra, un insieme di celle litio saldate con saldatrice a punti in configurazione 36/48v/60. Ha un cavo Bipolo con un connettore di potenza (uscita) e un altro cavo Bipolo più sottile che è quello di ricarica. In questo andrai a connettere il caricabatterie che solitamente viene dato in dotazione con il monopattino.

Il caricabatterie deve essere compatibile con la batteria da ricaricare, non utilizzare batterie per esempio 24v con caricabatterie da 36v o ancora batterie 48v con caricabatterie da 36v.

Il bilanciamento delle celle è la parte importante e ciò che permette alla tua batteria di durare nel tempo. Come vedi da questo esempio hai 5 celle 18650 a sinistra NON bilanciate e a destra BILANCIATE alla perfezione. Migliore è la qualità del tuo BMS migliore sarà il bilanciamento dei settori e più durerà in

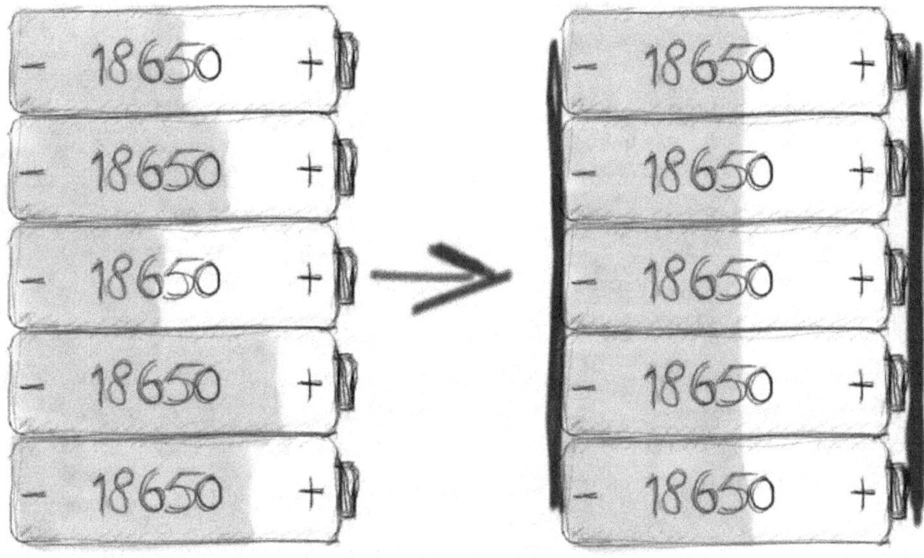

forma la tua batteria. Quando un Bms smette di funzionare o difetta o ancora ha una bassa precisione di bilanciamento le celle perdono il loro bilanciamento e da li a poco il pacco batterie smetterà di funzionare.Sul Mio canale Youtube trovi i vido dove ti spiego come si cablano due batterie a litio per aumentare l'autonomia e potenza.

59

Hai una batteria che non carica più? Non sai perché la tua batteria ha perso durata? Potenza? al 80% è questione di bilanciamento! Tante volte una o più celle del tuo pacco batterie perdono 1/2v e mandano il BMS in errore. Il BMS ha una logica che in maniera automatizzata ti protegge da

Corto circuito in uscita

Sovraccarico

Sopraccorrente di carica

Over charge (limitazione nella carica delle celle)

Down charge (stop automatico quando la tensione scende sotto i livelli di sicurezza delle celle)

Alcune Bms le migliori hanno anche sensori di temperatura.

Le celle litio Ioni sono quelle più utilizzate nelle batterie dei monopattini elettrici poiché hanno una densità energetica altissima, esistono anche ulteriori chimiche come Lifepo4 e LTO ma non vengono utilizzate nella micromobilità. La tensione di funzionamento di una singola cella litio ioni che sia 18650 o 21700 o ancora 26650 va da 3v Minimo a 3,7 Nominale a 4,2v quanto è al massimo di carica. Il lavoro della Bms è quello di non fare scendere le celle sotto la soglia di 3v e oltre quella di 4,2v per non danneggiare le stesse, o ancora peggio far esplodere tutto. Molte volte però per varie cause questo non avviene e le celle scendono sotto i 3v di "protezione" minima. A questo punto la tua BMS smette di funzionare in maniera corretta.

Nei miei corsi ti spiegherò come puoi riparare le batterie, come puoi rigenerarle e farle funzionare nuovamente (ove sia possibile) oltre che costruirle da zero con componenti di prima scelta. Ti invito a visitare i QRcode riportati nella prossima pagina, sono i fascicoli tecnici cartacei dedicati alle batterie litio e la loro costruzione. Disponibili su Amazon con spedizione Gratis prime. **Cosa aspetti a collezionarli tutti?**

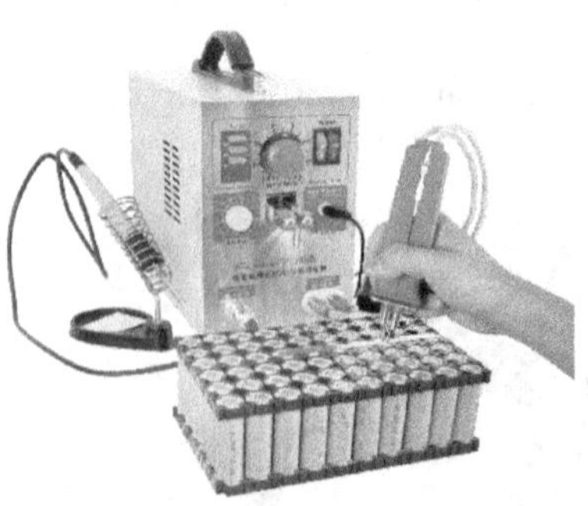

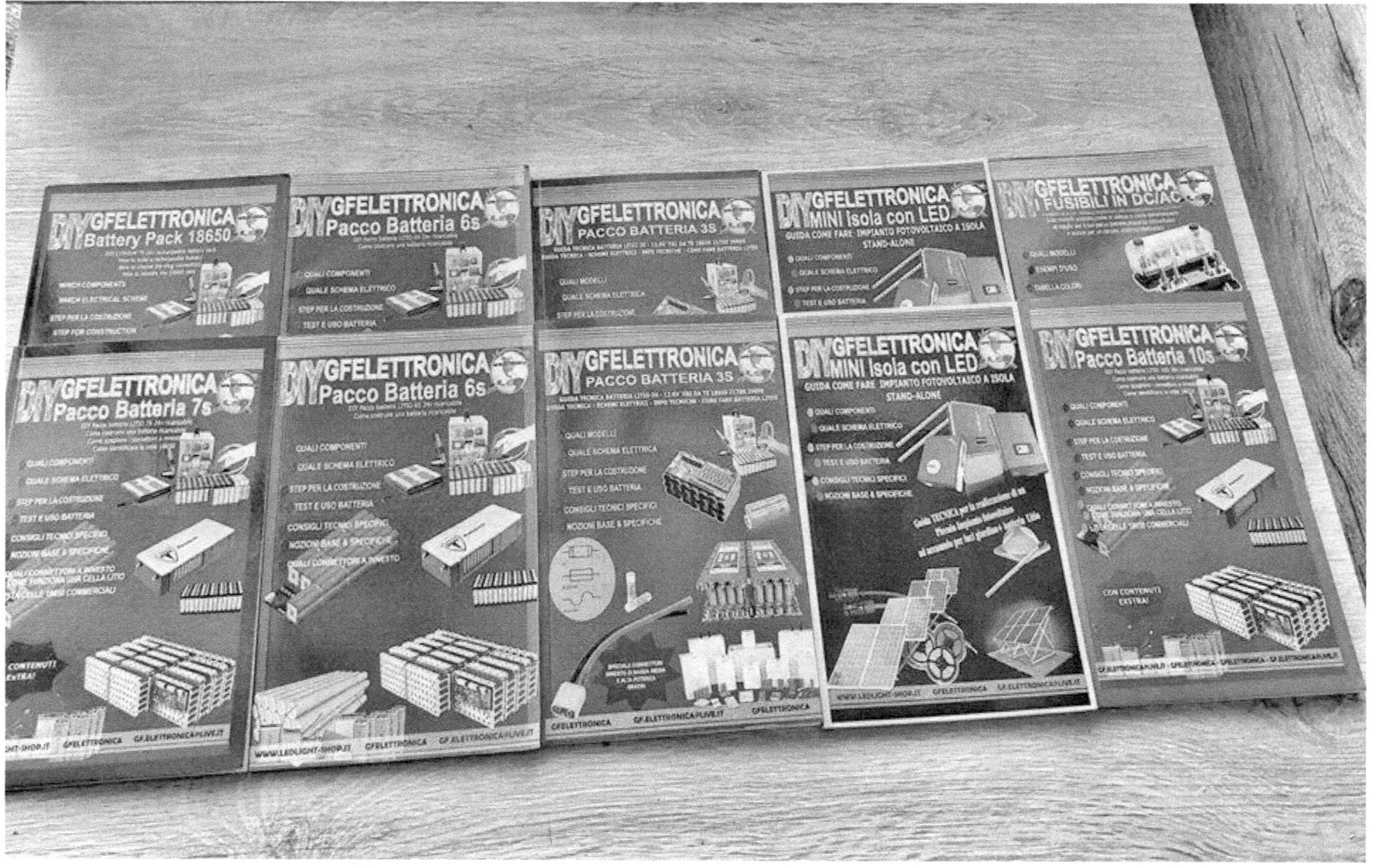

DIY GFELETTRONICA
Battery Pack 18650
WHICH COMPONENTS
WHICH ELECTRICAL SCHEME
STEP PER LA COSTRUZIONE
STEP FOR CONSTRUCTION
DIY GFELETTRONICA
Pacco Batteria 6s
QUALI COMPONENTI
QUALE SCHEMA ELETTRICO
STEP PER LA COSTRUZIONE
TEST E USO BATTERIA
DIY GFELETTRONICA
PACCO BATTERIA 3S
QUALI MODELLI
QUALE SCHEMA ELETTRICA
STEP PER LA COSTRUZIONE
DIY GFELETTRONICA
MINI Isola con LED
GUIDA COME FARE: IMPIANTO FOTOVOLTAICO A ISOLA
STAND-ALONE
QUALI COMPONENTI
QUALE SCHEMA ELETTRICO
STEP PER LA COSTRUZIONE
TEST E USO BATTERIA
DIY GFELETTRONICA
FUSIBILI IN DC/AC
QUALI MODELLI
ESEMPI D'USO
TABELLA COLORI
DIY GFELETTRONICA
Pacco Batteria 7s
QUALI COMPONENTI
QUALE SCHEMA ELETTRICO
STEP PER LA COSTRUZIONE
TEST E USO BATTERIA
CONSIGLI TECNICI SPECIFICI
NOZIONI BASE & SPECIFICHE
CONTENUTI EXTRA!
DIY GFELETTRONICA
Pacco Batteria 6s
QUALI COMPONENTI
QUALE SCHEMA ELETTRICO
STEP PER LA COSTRUZIONE
TEST E USO BATTERIA
CONSIGLI TECNICI SPECIFICI
NOZIONI BASE & SPECIFICHE
QUALI CONNETTORI A INNESTO
DIY GFELETTRONICA
PACCO BATTERIA 3S
QUALI MODELLI
QUALE SCHEMA ELETTRICA
STEP PER LA COSTRUZIONE
TEST E USO BATTERIA
CONSIGLI TECNICI SPECIFICI
NOZIONI BASE & SPECIFICHE
GFELETTRONICA   GF.ELETTRONICA-PLIVE.IT   GFELETTRONICA
DIY GFELETTRONICA
MINI Isola con LED
GUIDA COME FARE: IMPIANTO FOTOVOLTAICO A ISOLA
STAND-ALONE
QUALI COMPONENTI
QUALE SCHEMA ELETTRICO
STEP PER LA COSTRUZIONE
TEST E USO BATTERIA
CONSIGLI TECNICI SPECIFICI
NOZIONI BASE & SPECIFICHE
WWW.LEDLIGHT-SHOP.IT   GFELETTRONICA   GF.ELETTRONICA-PLIVE.IT
DIY GFELETTRONICA
Pacco Batteria 10s
QUALI COMPONENTI
QUALE SCHEMA ELETTRICO
STEP PER LA COSTRUZIONE
TEST E USO BATTERIA
CONSIGLI TECNICI SPECIFICI
NOZIONI BASE & SPECIFICHE
CON CONTENUTI EXTRA!

DIY GFELETTRONICA
Pacco Batteria 7s

SCAN ME

DIY GFELETTRONICA
Pacco Batteria 10s

SCAN ME

DIY GFELETTRONICA
Pacco Batteria 6s

SCAN ME

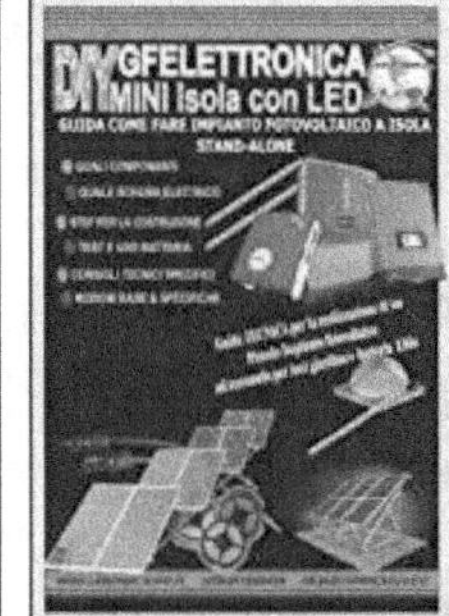

DIY GFELETTRONICA
MINI Isola con LED
GUIDA COME FARE IMPIANTO FOTOVOLTAICO A ISOLA
STAND-ALONE

SCAN ME

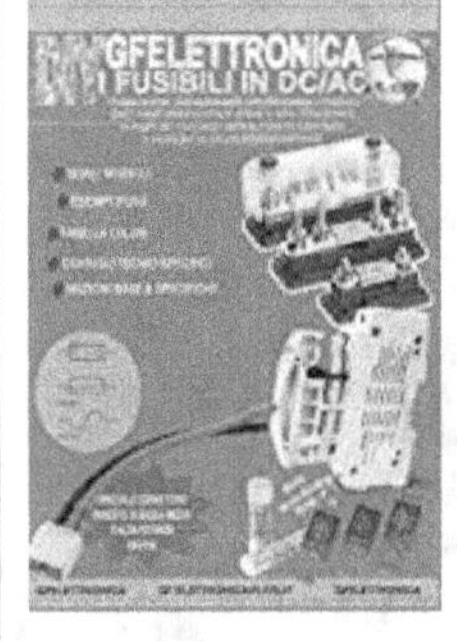

DIY GFELETTRONICA
I FUSIBILI IN DC/AC

SCAN ME

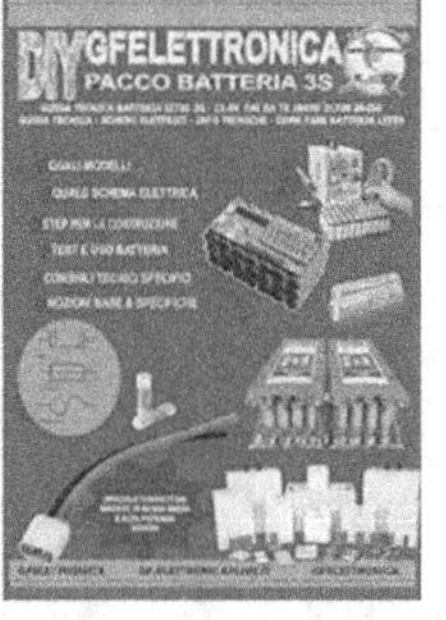

DIY GFELETTRONICA
PACCO BATTERIA 3S

SCAN ME

In commercio esistono molte tipologie di BMS, le possiamo comunque dividere semplicemente in tre grandi famiglie

BMS Smart - BMS con bilanciatore - BMS non bilanciatore

La BMS smart è l'ultima novità nel campo delle BMS, queste si collegano via Bluetooth al tuo smartphone e grazie a una APP studiata appositamente potrai tenere sotto controllo in tempo reale tutti i parametri elettrici, di bilanciamento e anche di Programmazione della stessa. Infatti, sarà possibile anche su alcuni modelli settare e programmare la tipologia di chimica che monta il pacco batteria e comunicare in tempo reale per conoscere correnti in gioco e la tensione totale. Il funzionamento che più mi piace di questi prodotti smart e che ti dice tutti i valori di tensione del tuo pacco batterie, li analizza una per una dandoti le letture dei volt sul tuo tablet o smartphone o anche pc.

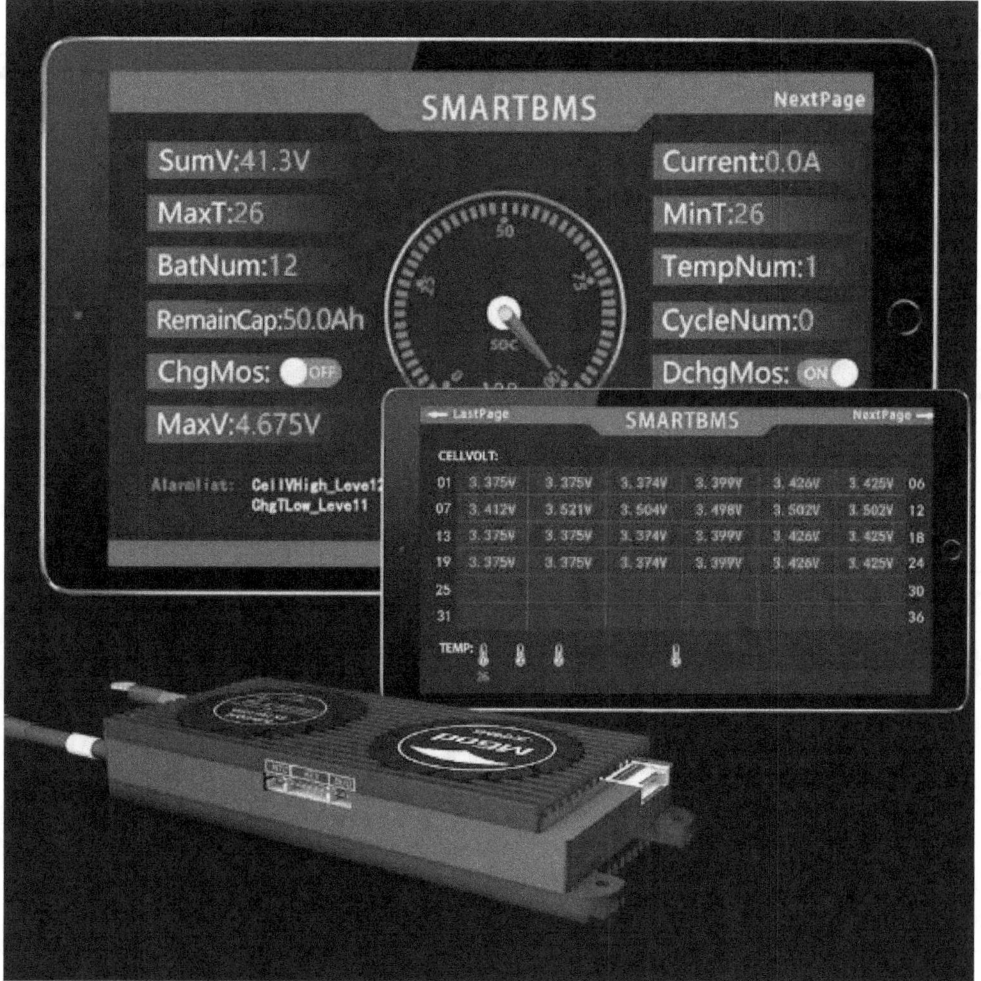

Il futuro è batterie litio! Oggi tutto funziona a batteria!

Isciviti al corso pratico sulle batterie litio,inzia una nuova carriera lavorativa in un settore che ogni anno fa milioni di dollari di fatturato!

PRINCIPALI TEMATICHE TRATTATE

Cosa sono le Batterie a litio
Analisi del mercato
Analisi del nuovo settore micromobilità
Riparazione o Ricostruzione
Assistenza clienti
Info commerciali
Materia prima
Laboratorio e punto di produzione
Attrezzatura
Nuovo/ricondizionato

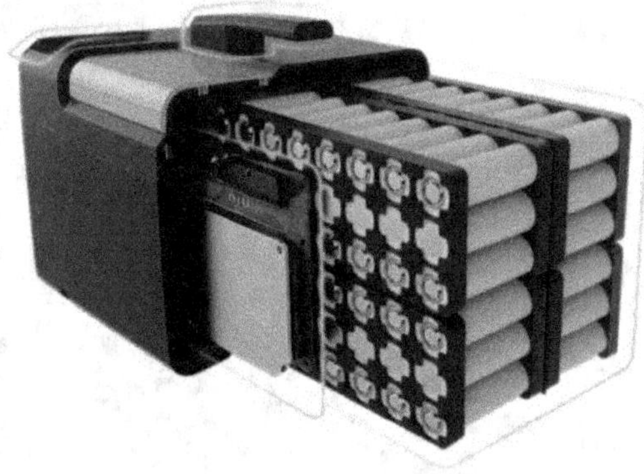

Studia,fai tanta pratica in questo bellissimo settore
Oggi in Italia servono nuove figure che possano
RIPARARE - COSTRUIRE DA ZERO - RICELLARE batterie
di Monopattini,bici,scooter,auto,elettroutensili

Entra anche tu nella Famiglia BATTERYMAKER
Scansiona il QRcode per maggiori dettagli

PRENOTA OGGI E AVRAI IL 10% DI SCONTO IMMEDIATO
CONTATTA: GF.ELETTRONICA@LIVE.IT E COMUNICA
IL CODICE PROMOZIONALE

Bms con bilanciatore standard no Smart, queste Bms sono quelle più diffuse nei pacchi batteria di bici, monopattini ed elettroutensili vari. Si occupano di gestire la carica delle celle e in più ti danno varie funzionalità come abbiamo già visto di protezione.

Bms senza bilanciatore non smart, queste Bms sono simili alle passate ma NON hanno la componentistica saldata per bilanciare le celle litio, fanno solo da protezione di corrente, sovraccarico, cortocircuito. Questo modello di BMS è particolare e adatto a chi ha più esperienza nel settore.

Se vuoi sapere di più su questi prodotti tecnologici e sulla tecnologia litio sei ufficialmente invitato ad accedere ai miei corsi online!

In linea generale comunque la BMS è sostituibile, basta andare a staccare il connettore di bilanciamento, che può essere con più o meno cavetti di diametro sottile (sono i canali che gestiscono il bilanciamento) e poi abbiamo i fili più grossi saldati sulla scheda BMS, quelli sono i cavi di potenza (uscita) e di ricarica (ingresso). Ed esempio delle connessioni uscita e ingresso di una BMS di potenza.

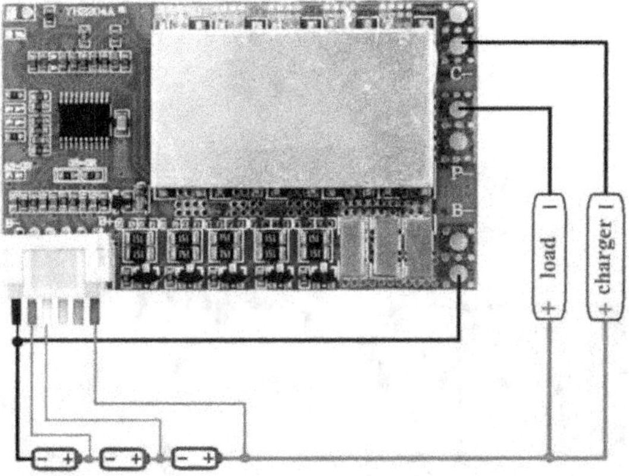

3S Different Port Wiring Diagram

Load (carico) uscita

Charger (caricabatterie) ingresso

Le Bms non sono tutte uguali anche per quanto riguarda la connessione dell'uscita e dell'ingresso, infatti alcune sono progettate per avere ingresso/uscita in comune altre invece le hanno ben distinte e separate. Vedi esempio in queste immagini a seguire.

Figura 1) BMS con ingresso e uscita separato

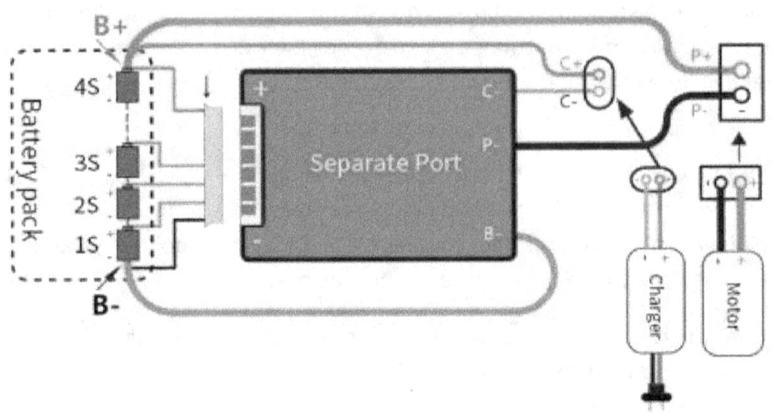

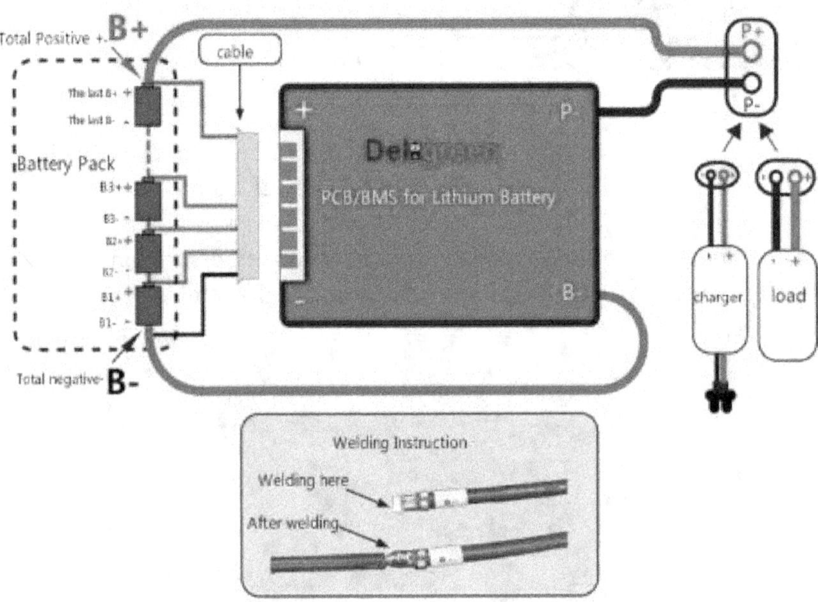

Figura 2) BMS con ingresso e uscita unico

Caricabatterie

Il caricabatterie è un trasformatore di energia elettrica che ti converte la 230v
in tensione apposita per la tua batteria. Esistono carica batterie standard e
caricatori SUPER FAST, cosa cambia? Cambia la velocità di ricarica! Ovviamente i
caricabatterie in dotazione con il tuo monopattino al 99% sono tutti STANDARD
e non super charger, ma eventualmente ove opti ad una modifica della Bms e
del pacco batterie potresti anche sostituire il caricabatterie con uno differente e
più prestazionale.

Esistono carica batterie con queste tensioni di lavoro:

12,6v – 16.8v - 42v – 50.4v – 54.6v etc.

Tutti i carica
batterie devono
avere un led
bicolore sul corpo
plastico o
alluminio in base
al modello, che ti
indica lo stato
della ricarica in
corso, quando il led è ROSSO la batteria è in fase di carica, quando il LED è
VERDE la batteria è completamente carica. Ma serie si staccano

automaticamente quando la batteria è carica al massimo? SI molti caricabatterie disabilitano automaticamente la tensione di uscita, parliamo però di caricabatterie di qualità, i low cost tante volte non hanno questa funzionalità e bisogna comunque sempre attenzionare la fase di ricarica poiché può essere davvero pericoloso. Molti mezzi di micromobilità esplodono in fase di ricarica, poiché per problemi interni alle celle, al Bms o anche al caricabatterie c'è un cortocircuito interno o un sovraccarico.

 Tenere sempre in una zona dedicata il tuo monopattino in fase di ricarica! Acquista un estintore e fai sempre molta attenzione ad eventuali anomalie ed errori. I caricabatterie quelli più intelligenti hanno anche la funzionalità errore, cioè lampeggiano se captano qualche anomalia nel circuito, in questo caso ATTENZIONE mantenere il monopattino possibilmente all'aperto e farlo controllare da un tecnico. Staccare la batteria dall'impianto originale mediante il suo connettore XT60 e lasciarla da parte. Non tentare di ricaricare batterie morte o che hanno errori, se la tua batteria non ha voltaggio in uscita vuol dire che la Bms ha aperto internamente il circuito di uscita, questo può succedere fattori, il tutto comunque va attenzionato. Se vuoi capire come risolvere questi problemi iscriviti al mio corso batterymaker ti aspetto!

Il futuro è batterie litio! Oggi tutto funziona a batteria!
Isciviti al corso pratico sulle batterie litio,inzia a costruire il tuo sistema di accumulo per appartamento quasi a costo zero

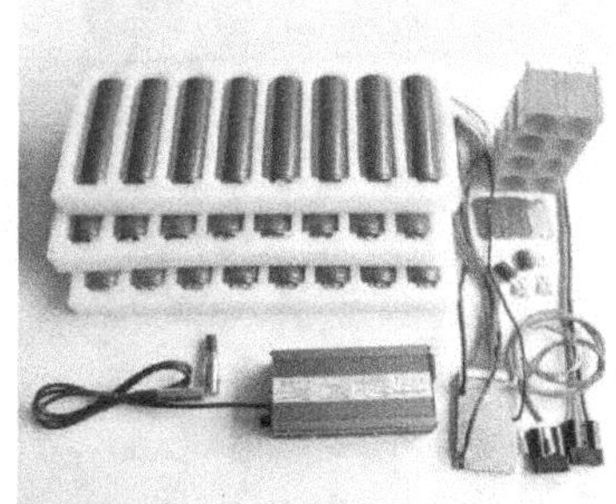

Studia,fai tanta pratica in questo bellissimo mondo sarai capace di costruirti il tuo gruppo di accumulo da 3/5/10/20kwh e volendo staccarsi dal fornitore ente energetico,stop bollette salate ! Utilizza il fotovoltaico per generare energia per poi accumularla nelle tue grandi batterie Autocostruite!Entra anche tu nella Famiglia Powerwall MAKER Scansiona il QRcode per maggiori dettagli.

PRENOTA OGGI E AVRAI IL 5% DI SCONTO IMMEDIATO
CONTATTA: GF.ELETTRONICA@LIVE.IT E COMUNICA
IL CODICE PROMOZIONALE

I caricabatterie possono avere differenti connettori di uscita, in base a quello di origine dovrai andare a scegliere quello compatibile, sotto ti inserisco dieci esempi di connettori a innesto che potresti avere sul tuo monopattino.

1= DC
2= RCA
3= XT30/XT60/XT90
4= 3P GX-16
5= Anderson 45A
6= Anderson 50A
7= 3P Plug
8= Crocodile Clip
9= 3P XLR
10= gasket

Non puoi utilizzare un caricabatterie con attacco Dc standard su un monopattino elettrico che per esempio monta un connettore femmina tipo GX-16 e viceversa, ogni connettore deve essere perfettamente compatibile con il tuo monopattino e uguale al tuo vecchio carica batterie di serie. Aumentando come abbiamo già detto la potenza del caricabatterie si arriverà ad avere ricariche molto più veloci, attenzione stiamo parlando di caricabatterie che hanno in uscita non gli standard 2/3 Ampere ma caricabatterie super prestazionali da 5/8/10 Ampere.

È ovvio che non tutte le batterie possono essere ricaricate a queste altissime correnti, almeno che non parliamo di una batteria che monta celle di altissima qualità e una BMS davvero prestazionale (cosa che nessuna batteria di serie ha). Con un caricabatterie speed dimezzi il tempo di ricarica ma nel tempo potresti avere un declino delle prestazioni più precoce, è sempre meglio optare per un caricabatterie intermedio, e non un super speed per non creare problemi alle celle litio. È anche vero che se le celle sono di alta qualità una ricarica veloce NON crea problemi, perché tecnicamente la ricarica del singolo

parallelo valutando il modello di batteria non dovrebbe essere superiore ai 1-2 Ampere Max, che da datasheet vanno più che bene, oltre questa soglia già il discorso entra in un range di problematiche tecniche più o meno gravi.

Modificare la centralina in uno Xiaomi 365

La famiglia Xiaomi monta una scheda motore che è possibile potenziare, la modifica non è molto invasiva ma va fatta in maniera pulita e corretta. La scheda elettronica presenta dei componenti elettronici di logica e di potenza, la nostra modifica consiste nel rafforzare le piste di rame dove scorre la corrente diretta al motore. Quando fai le salite per esempio come abbiamo già detto necessiti di molta corrente, un PCB come questo ha una pista in rame sottilissima che sotto sforzo (molta corrente) si può bruciare, andando in rottura per poi non far funzionare in maniera corretta il motore. Le piste che dovrai andare a rafforzare sono le più grandi, quelle che vanno a collegare i pin centrali dei mosfet, i mosfet appunto sono i componenti di potenza che si occupano di fornire più o meno corrente al tuo motore. Grazie a un saldatore a stagno, la cosa che dovrai andare a fare è ingrandire la saldatura già esistente facendola crescere nelle sue dimensioni, ovviamente senza fare cortocircuito con altre parti saldate, un'usanza nota è quella di affogare dentro allo stagno un cavo elettrico rigido così da avere

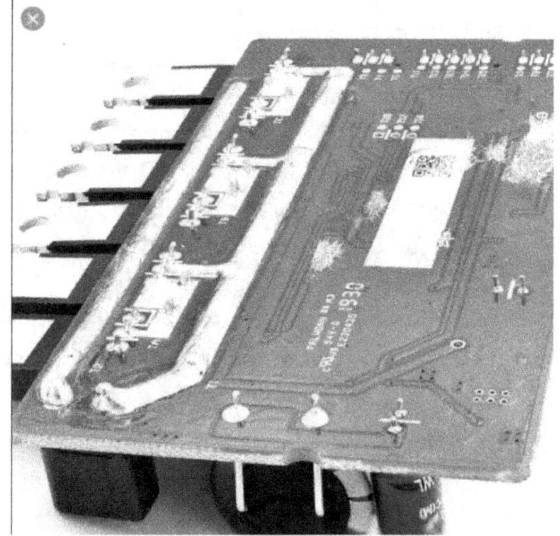

una conducibilità elettrica ancora più alta e più è grande il conduttore più elettroni possono scorrere. In questa foto ti mostro una delle piste in uscita al mosfet che si è completamente spezzata, appunto per causa di un surriscaldamento della stessa. Come ti accorgi se la tua scheda motore ha un problema simile? PERDI POTENZA, non avrai più la potenza di prima e devi rimediare immediatamente per non sovraccaricare i restanti mosfet ancora funzionanti. Anche qui va rafforzata la saldatura rendendola più grande.

Modifica Firmware

Alcuni monopattini elettrici quelli limitati nelle prestazioni via software o applicazione sono 'semplicemente' hackerabili, infatti in giro per la rete si trovano venditori di software che con una decina di euro ti possono fornire un aggiornamento da inserire sul tuo monopattino. Questo aggiornamento ti permetterà di avere il monopattino bloccato, avere più potenza senza limitazioni. Il tutto è illegale? SI certo, è illegale ma oggi il 70% dei monopattini in commercio vedi Ninebot, Xiaomi e modelli controllati via Applicazione sono tutti taroccati dai proprietari, la modifica si fa per avere quella piccola percentuale in più di potenza, e di km/h.E' bene cambiare il software? NO, non fa bene! La tua scheda motore è stata sviluppata per determinate correnti, se tu modifichi il sistema e gli permetti di far scorrere molta più corrente fai sì che le componenti elettroniche lavorino sotto carico continuo, andando nel tempo a deteriorarsi precocemente.Si potrebbe rinforzare le piste sul pcb della scheda motore,con una colata ulteriore di stagno e l'inserimento di un cavo elettrico rigido per far fluire piu corrente senza grossi danni e surriscaldamenti.

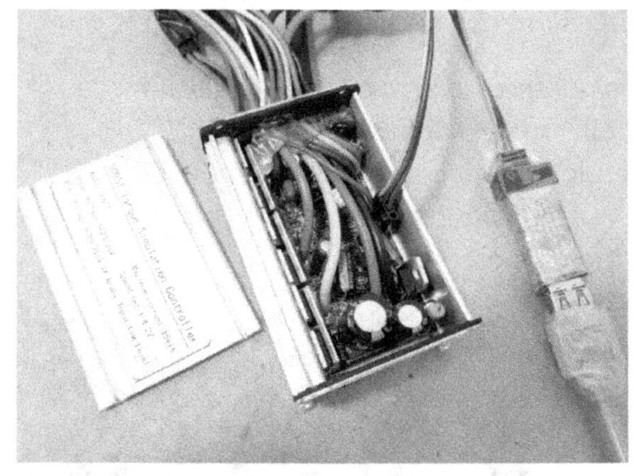

La modifica firmware è possibile solo nei monopattini come già detto smart, quelli che non possiedono un sistema di interfaccia e una centralina "attaccabile via software" non ti darà modo di modificare alcun valore.

A questo punto ti starai chiedendo, ma allora Io che non possiedo ne lo Xiaomi né il Ninebot ma ho un monopattino elettrico commerciale "cinese style" che monta un controller piccolo in alluminio NON potrei fare nulla come software? Ti dico che le regole sono le stesse di prima, io non amo agire sul software ma se proprio ci vuoi mettere mani ti do la risposta…. Si si possono "aggiornare" aggiornali non è semplice ma se il controller ha le porte SOT di comunicazione potrai andare a interfacciarlo con un pc senza problemi! Per sapere se il tuo controller è modificabile devi cercare sul board i pin saldabili SOT solitamente sono 4/5 pad dove andrai a saldare i cavetti elettrici da connettere al modulo di interfaccia USB.

 Se vuoi sapere ancora di più su questa modifica ti lascio questo QRCODE dove troverai maggiori dettagli:

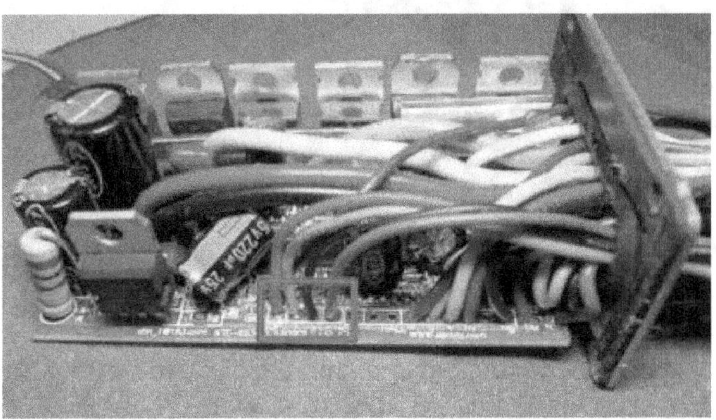

L'UPGRADE shunt bypass

La modifica che da più risultati e con quasi costo zero è quella degli Shunt, la modifica degli shunt interni al controller motore infatti ti permette di Ingannare la centralina motore facendola 'confondere' sulla quantità di corrente reale che scorre al motore. Facendo questa semplice e veloce modifica avrai molta più coppia, molta più potenza immediata e avrai un buon margine di miglioramento anche in salita. E' vero che è una modifica Low cost, nel senso che non richiede acquisto di componenti ma dovrai sempre avere l'attrezzatura basica per poter andare a saldare a stagno la superficie degli shunt.

Come si effettua questo Upgrade? Basta stagnare con stagno mediamente abbondante gli shunt presenti nel tuo controller, ovviamente mantenendo sempre la forma a ponticello e non abbondando in maniera eccessiva.

Questa modifica deve essere affiancata a una revisione totale delle piste del tuo PCB del controller, dovrai infatti rinforzare TUTTE le piste di potenza, senza aver fatto un buon lavoro in questo punto potresti avere problemi futuri.

La modifica agli shunt come detto permetterà al tuo motore di ricevere molta più corrente di quella che riceveva in precedenza, ma anche qui

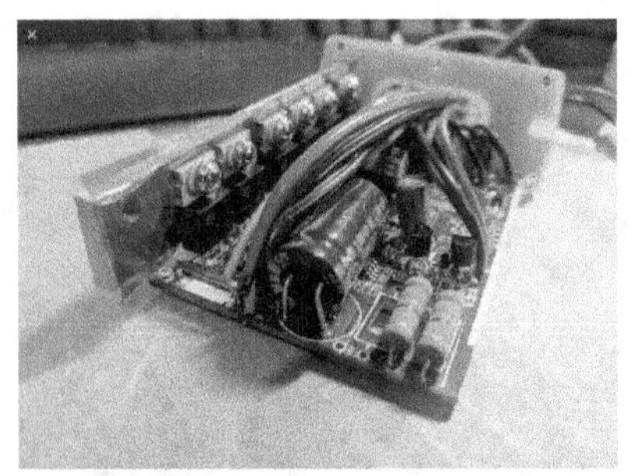

abbiamo pro e contro, i contro sono che in un uso molto intensivo dello stesso si potrebbero andare a surriscaldare e bruciare motore/centralina. Un uso responsabile invece ti darà una potenza eccellente e una preservazione delle prestazioni nel tempo.

Affiancata a questa modifica del tutto FREE nascono però altre modifiche legate in maniera importante, la sostituzione della Batteria, potenziamento del BMS e la sostituzione dei cavi di potenza con cordoni molto più grossi di diametro, cosi facendo avrai corrente a volontà e un impianto che ti permetterà anche picchi più alti. Ricorda anche ti utilizzare fusibili di protezione con soglie ben calcolate, così da evitare che si possano bruciare centralina e altre componenti.

Questo e tanto altro lo trovi sul canale Youtube Fox Tech Channel

Iscriviti anche tu e segui tutti i miei progetti in prima linea!

CONNETTORI INNESTO?

Si! I connettori ad innesto sono uno standard nel mondo dell'elettronica, domotica e del fai da te in generale, in linea con le normative vigenti, questi connettori possono essere utilizzati in bassa tensione, o per alcuni modelli anche in media e alta tensione. Al variare delle correnti di spunto dovrà ovviamente variare il modello di connettore, poiché più è alta la corrente più dovrà essere lo spessore della parte metallica di connessione.
Il 90% dei connettori in commercio è formato da un corpo plastico/abs con nella parte interna due poli conduttivi, che siano POSITIVO che NEGATIVO.
Cosa cambia?
Cambia la forma dei connettori stessi, ci saranno Femmina e Maschio, e la loro unione sarà garantita dalla struttura plastica oltre che dal metallo dei poli che si auto innestano a pressione.

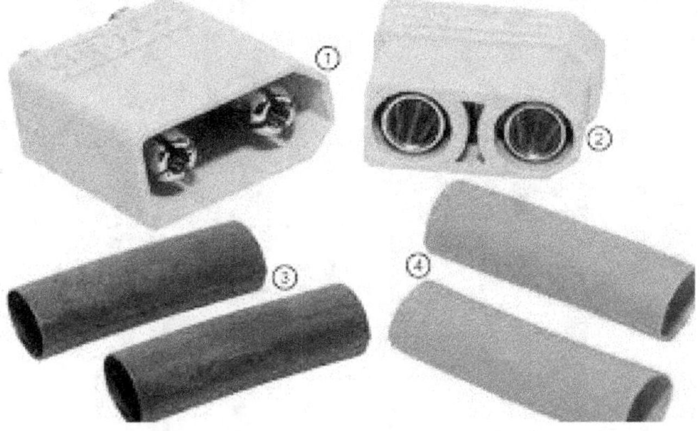

Questo è un esempio di connettore ad innesto, forse il più utilizzato in robotica, droni, e batterie litio. È uno di una serie di connettori simili nella forma ma come abbiamo detto differente nelle prestazioni e dimensioni.
La famiglia è quella degli XT
Abbiamo infatti Xt30 – Xt60 – Xt90
Un altro componente importante per innestare e chiudere per bene un "polo elettrico" è la guaina termoretraibile, che ovviamente dovrebbe essere di colore ROSSO o NERO in base al polo saldato.
I cavi elettrici vanno saldati ai due poli del connettore, mi raccomando di effettuare saldature ottime, ne vale del risultato finale e della durata del cavo stesso. Oltre che se uno dei due poli si dovesse staccare andrebbe immediatamente a fare cortocircuito con il polo opposto a pochi millimetri di distanza.

CONNETTORE A INNESTO COMMERCIALI

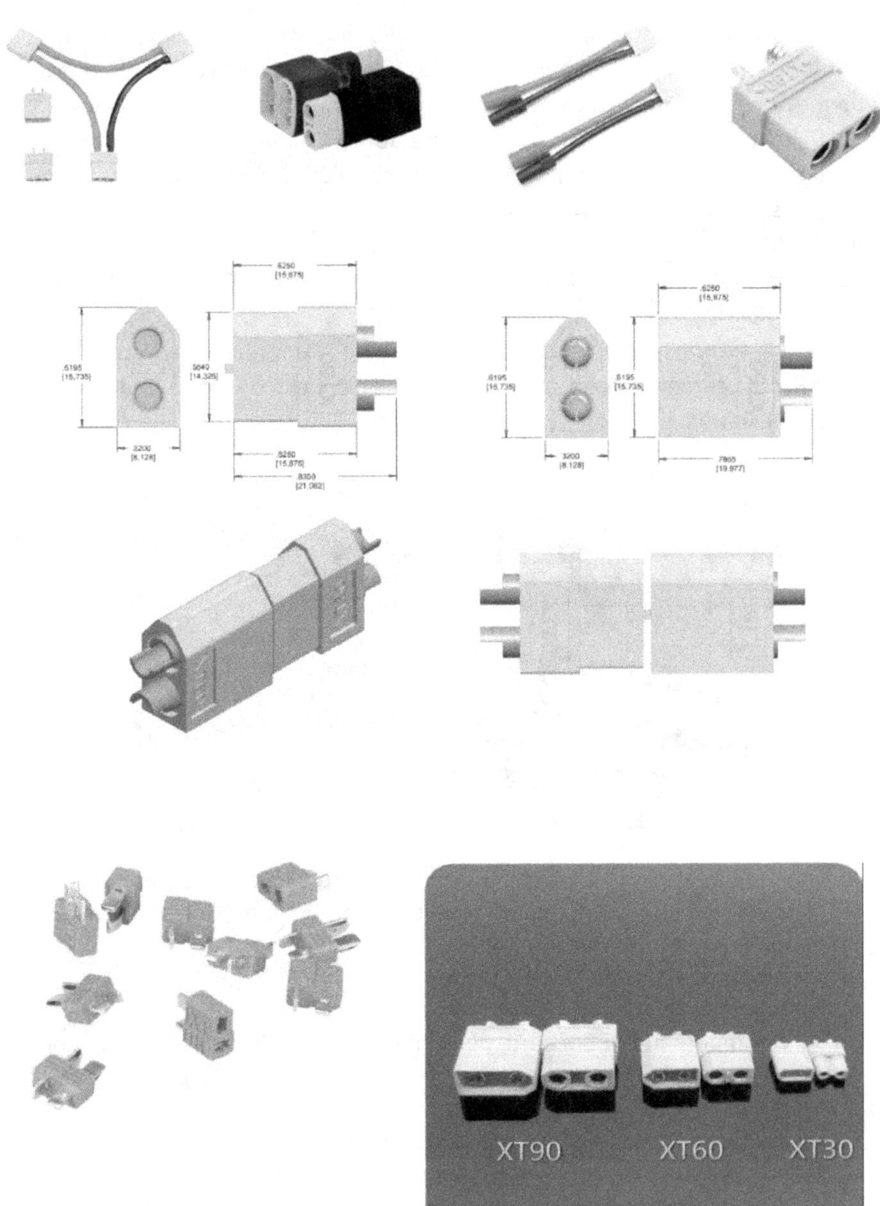

Consigli utili sulla scelta:

I consigli pratici sulla scelta di un paio di connettori ad innesto sono 3, il primo consiglio è quello di andare a cercare le varie schede tecniche dei vari modelli, così da avere un'idea effettiva sulle reali potenzialità del connettore. Un dato importante è quello dell'isolamento e della corrente massima. Consiglio due è quello di sovradimensionare sempre i connettori nel tuo impianto, ciò se il tuo motore ha un assorbimento di 50 A massimi cerca di installare un connettore ad innesto che abbia da scheda tecnica oltre i 70Ampere,così da non avere problemi di surriscaldamento o altri problemi tecnici derivati da una cattiva conducibilità (il motore se il connettore è piccolo non avrà mai i 50Ampere richiesti in etichetta).Prendo in considerazione la famiglia XT perché è quella che ha un rapporto qualità prezzo più alto, molto buona come qualità costruttiva anche se ovviamente hanno un costo che supera altri modelli "economici".

Caratteristiche dei 3 modelli:

Il Modello XT30 ha MAX **30AMPERE** di portata

Il Modello XT60 ha MAX **60AMPERE** di portata

Il Modello XT90 ha MAX **90AMPERE** di portata

Connettori media e bassa potenza

Questa serie di connettori anche essi ad innesto sono però utilizzati per andare ad alimentare carichi di medio/bassa potenza. Infatti una buona parte non supera una portata di 2Ampere
I connettori media bassa portata sono utilizzati su BMS e schede di bilanciamento di carica, questi connettori usualmente connessi a Bms di vario modello hanno il compito di ricaricare in maniera bilanciata i pacchi batterie con correnti basse (nel caso di pacchi batterie di piccole dimensioni).

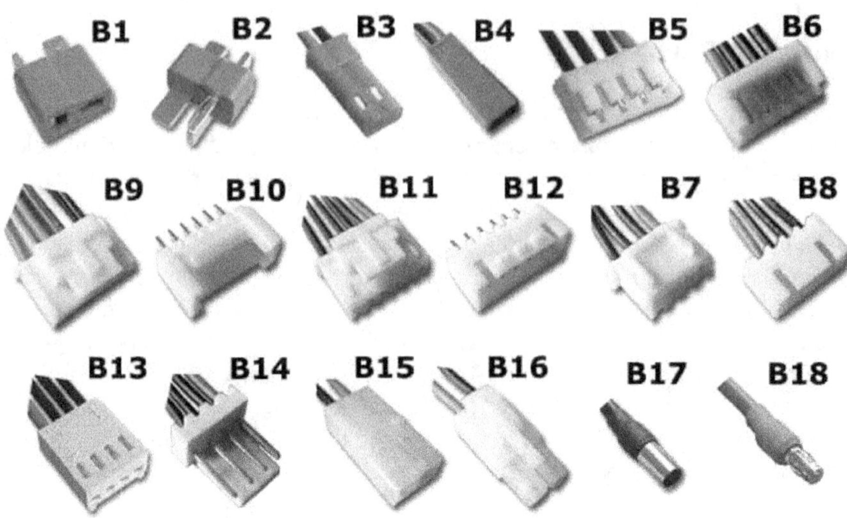

Connettori ad alte prestazioni

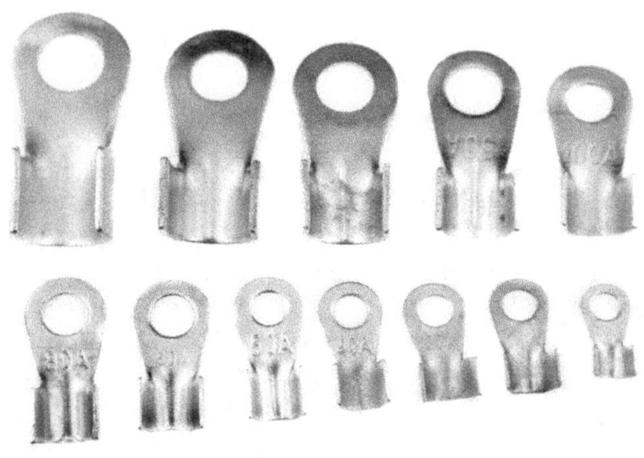

Questa alternativa di connettore non è un vero e proprio connettore ad innesto, ma possiamo ugualmente integrarlo in questo piccolo manuale poiché per correnti alte sono la migliore soluzione. Infatti arrivano anche a oltre 500AMPERE di scarica continua. Anche questi vanno saldati in maniera corretta e isolati con guaina termoretraibile, l'installazione va fatta con bulloni e dadi di adeguato diametro per una conducibilità ottimale.

Raccomandazioni Finali

Si raccomanda l'uso di questi connettori solo se il tuo sistema è compatibile con un sistema Plug, i cavi devono essere saldati e isolati per evitare infiltrazione di acqua e vapori. Non invertire la polarità al momento della saldatura ATTENZIONE può provocare cortocircuiti nel circuito o nella batteria. Testare il connettore saldato prima della connessione alla batteria.

Cavi elettrici Tabella delle sezioni commerciali

AWG	Diametro mm	Sezione (Area) mm2	AWG	Diametro mm	Sezione (Area) mm2
0000 (4/0)	11,684	107,22	21	0,723	0,411
000 (3/0)	10,405	85,01	22	0,644	0,324
00 (2/0)	9,266	67,43	23	0,573	0,259
0 (1/0)	8,252	53,49	24	0,511	0,205
1	7,348	42,41	25	0,455	0,162
2	6,544	33,62	26	0,405	0,128
3	5,827	26,67	27	0,361	0,102
4	5,189	21,15	28	0,321	0,0806
5	4,62	16,77	29	0,286	0,0649
6	4,115	13,3	30	0,255	0,0507
7	3,655	10,55	31	0,227	0,0401
8	3,264	8,37	32	0,202	0,0324
9	2,906	6,63	33	0,18	0,0255
10	2,588	5,26	34	0,16	0,0201
11	2,305	4,17	35	0,143	0,0159
12	2,052	3,31	36	0,127	0,0127
13	1,828	2,63	37	0,113	0,0103
14	1,623	2,08	38	0,101	0,0081
15	1,45	1,65	39	0,09	0,0062
16	1,291	1,31	40	0,08	0,0049
17	1,149	1,04	41	0,071	0,0039
18	1,024	0,823	42	0,064	0,0032
19	0,912	0,653	43	0,056	0,0025
20	0,812	0,519	44	0,051	0,0020

I conduttori più Utilizzati con specifica correnti massime:

AWG	Dia mm	SWG	Dia mm	Max Amps	Ohms / 100 m
11	2.30	13	2.34	12	0.47
12	2.05	14	2.03	9.3	0.67
13	1.83	15	1.83	7.4	0.85
14	1.63	16	1.63	5.9	1.07
15	1.45	17	1.42	4.7	1.35
16	1.29	18	1.219	3.7	1.48
18	1.024	19	1.016	2.3	2.04
19	0.912	20	0.914	1.8	2.6
20	0.812	21	0.813	1.5	3.5
21	0.723	22	0.711	1.2	4.3
22	0.644	23	0.610	0.92	5.6
23	0.573	24	0.559	0.729	7.0
24	0.511	25	0.508	0.577	8.7
25	0.455	26	0.457	0.457	10.5
26	0.405	27	0.417	0.361	13.0
27	0.361	28	0.376	0.288	15.5
28	0.321	30	0.315	0.226	22.1
29	0.286	32	0.274	0.182	29.2
30	0.255	33	0.254	0.142	34.7
31	0.226	34	0.234	0.113	40.2
32	0.203	36	0.193	0.091	58.9
33	0.180	37	0.173	0.072	76.7
34	0.160	38	0.152	0.056	94.5
35	0.142	39	0.132	0.044	121.2

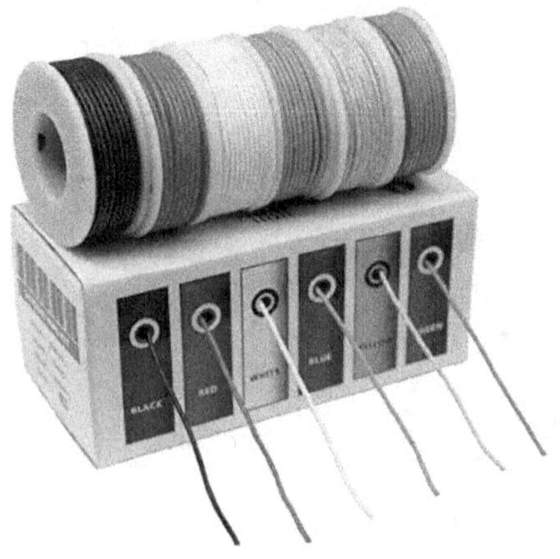

I FUSIBILI – MODELLI COMMERCIALI

In commercio esistono centinaia di modelli, dimensioni, forme e correnti di riferimento. Il fusibile è un componente elettrico di protezione che viene montato in tutti gli impianti elettrici come componente di protezione, infatti ci protegge da cortocircuiti. Ma come funzionano i fusibili?
Semplicissimo! I fusibili che siano in vetro, ceramica, plastica etc. Hanno un contenitore esterno, che ne dà la forma e il colore, poi internamente però la tecnologia è sempre la stessa. Abbiamo infatti una striscetta di materiale conduttore, che ci permette di far scorrere gli elettroni ed alimentare il nostro utilizzatore. Possiamo infatti alimentare luci led, motori, lampade alogene, e circuiti elettronici in genere. Il fusibile generalmente va inserito sul polo positivo del cavo di alimentazione, al passaggio della corrente il fusibile non si oppone, ma ove si superi la soglia di scheda tecnica dello stesso si surriscalda la lamina conduttiva, salgono le temperature, diventa incandescente fino a quando non si brucia. Bruciandosi interrompe il circuito, cioè ci ha protetto la nostra carica da un sovraccarico.

Esempio:
Abbiamo un motore elettrico + una batteria a litio
Per alimentare il nostro motore elettrico che massimo può assorbire 50Apere cosa dobbiamo fare? Andiamo a mettere un fusibile di 50Amp come dato di targa, cosi ogni corrente extra verrà percepita dal fusibile come oltre lo standard e si andrà a bruciare. È possibile utilizzare anche fusibili con valori inferiori a quello di massimo riportato nel dato di targa del motore o utilizzatore, per esempio uno da 10AMP/20AMP/30AMP etc. Cosa succede ove si utilizzi valori inferiori? Che se il tuo motore ha una necessità di corrente oltre la soglia del fusibile quest'ultimo si brucia, anche se il motore nello specifico può anche andare ben oltre i 10 o 20 AMPERE. Questo succede se il nostro motore è installato per esempio su una bici elettrica, in una percorrenza standard senza salite, pendenze, abbiamo per esempio un assorbimento di corrente di 20AMPER, quando iniziamo a fare la salita, più ripida è questa più farà fatica il motore a spingerti e più sarà la richiesta di corrente.Si può arrivare anche oltre i 50A per esempio. Come hai capito questi sbalzi di corrente non fanno bene ai cavi se mal dimensionati, e nemmeno alle schede delle batterie litio, ma vale uguale alle batterie al piombo o gel, che tutte vantano altissime correnti di Impulso anche oltre i 200/300AMPERE.

Questo esempio vale anche in un impianto fotovoltaico dove come giusta regola va posizionato un fusibile in ingresso e uscita dal regolatore di carica, cosi da proteggere sia a monte che a valle di esso. I fusibili vengono utilizzati nelle auto, moto, scooter tradizionali, li troviamo anche in prodotti di qualità come elettrodomestici, bici elettriche, scooter elettrici, TV, monitor, computer e tanto altro. Lo scopo è sempre quello di protezione del circuito a valle del fusibile, anche se funzionano a bassa, media o alta tensione. Infatti nelle TV e utilizzatori a 230v i fusibili sono dimensionati per correnti basse anche **mA** (milliampere) e lavorano in maniera precisa.

Più è alta la tensione, meno sarà la corrente che avremo nel nostro impianto, viceversa nel caso di impianti a bassa tensione vedi 12v delle auto! Li i fusibili hanno valori molto alti di corrente, come per esempio 5-10-20-30-50-100AMPERE. Se poi andiamo anche sul settore AUDIOFILO, dunque amplificatori, batterie ad alte prestazioni le correnti superano abbondantemente anche i 200/300AMPERE

FUSIBILI DI ALTI AMPERE

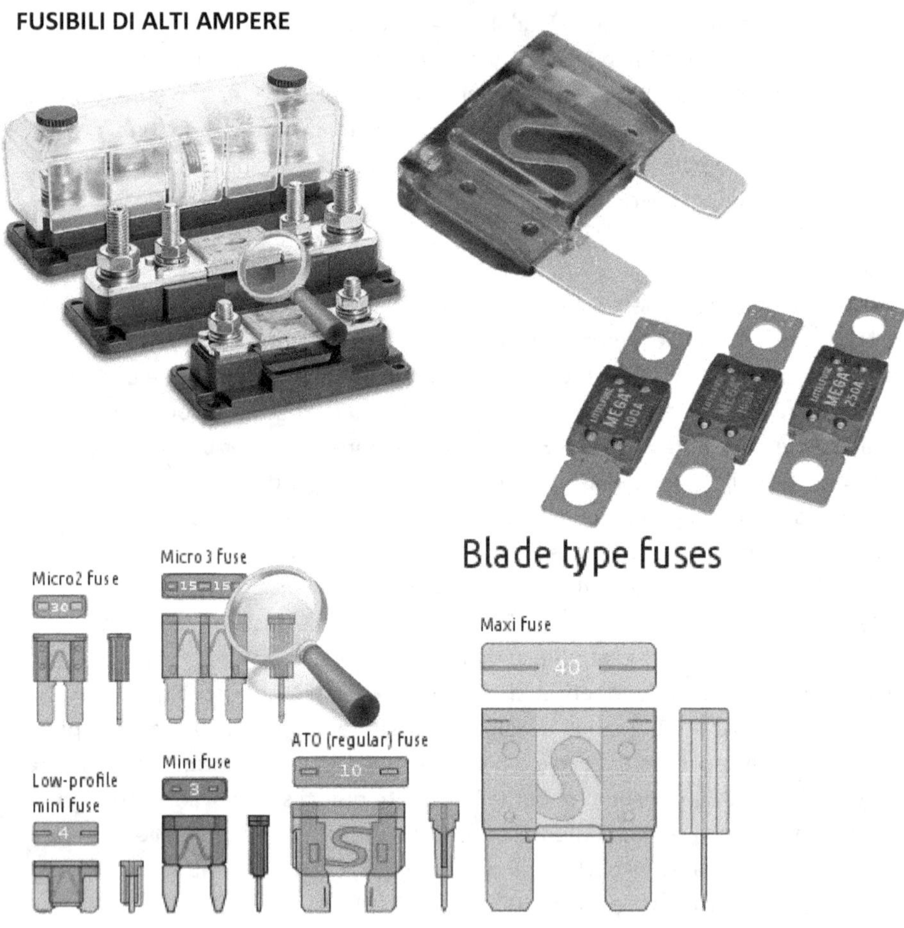

FUSIBILI BASSI AMPERE

Visti alcuni modelli di fusibile che puoi reperire facilmente in un qualsiasi
negozio di elettricità/elettronica passiamo ad analizzare il funzionamento.
Questi sono componenti USA e GETTA, appunto perché quando entrano in
funzione si bruciano e non potranno più essere riutilizzati. Esistono poi un'altra
categoria di fusibile, più complessa e utilizzata in applicazioni particolari, sono
appunto i fusibili auto ripristinanti. Tali componenti si utilizzano nella stessa
maniera dei fusibili che stiamo analizzando in questi fascicoli, con la sola
differenza che la lamina interna dopo un periodo di "riposo" torna nuovamente
in posizione di partenza. Ritornando in posizione permette nuovamente al
circuito di funzionare come da standard, e ovviamente il suo funzionamento si
ripeterà per più e più volte. Questo ti andrà a far risparmiare la noia di
sostituire i fusibili manualmente, l'acquisto degli stessi, e di restare "al buio"
con la strumentazione che proteggeva.

Ovviamente però il costo di un fusibile normale è davvero davvero basso,
invece quelle auto ripristinanti che sono in categoria speciale sono molto più
alti. Un 'esempio di protezione ai cortocircuiti che si auto ripristina o meglio che
ti protegge ma poi si può andare a farla rifunzionare è il nostro salvavita in
appartamento o garage. Questo cosa fa? Scatta appena capta un sovraccarico o
un cortocircuito, ma ovviamente la riattivazione non è automatica per questioni
di sicurezza dovrai tu andare a riarmare l'interruttore e far scorrere
nuovamente energia al tuo impianto (dopo aver eliminato ovviamente la causa
del malfunzionamento che ha fatto scattare il salvavita).

Se vuoi più info sul funzionamento del salvavita di casa tua, ti voglio ricordare
che è disponibile un fascicolo tutto dedicato a lui. Troverai info, nozioni
tecniche e tanti consigli sull'uso.

FUSIBILI AUTORIPRISTINANTI

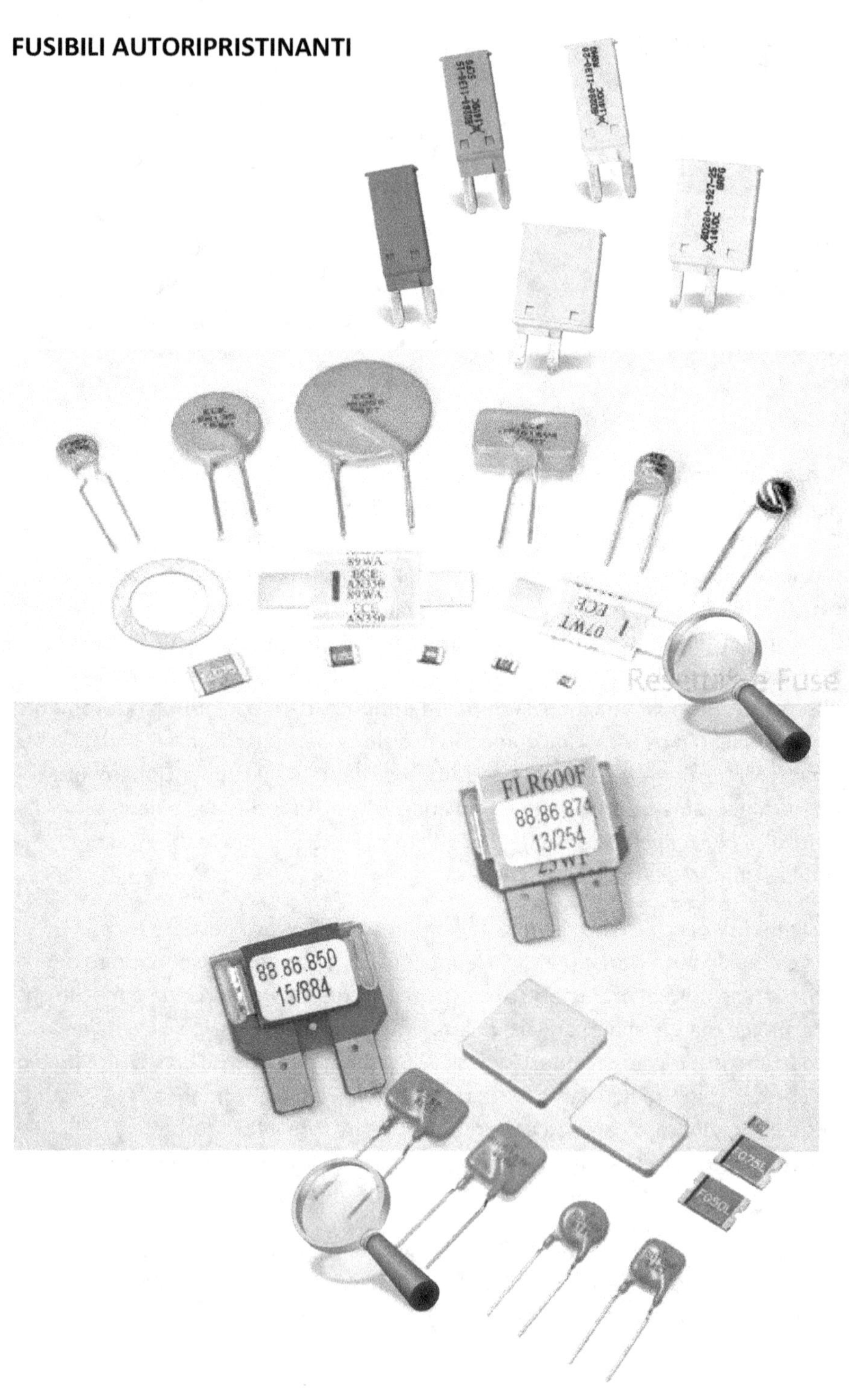

SUPER FUSIBILE 500A

SCHEMA ELETTRICO CON L'USO DEL FUSIBILE

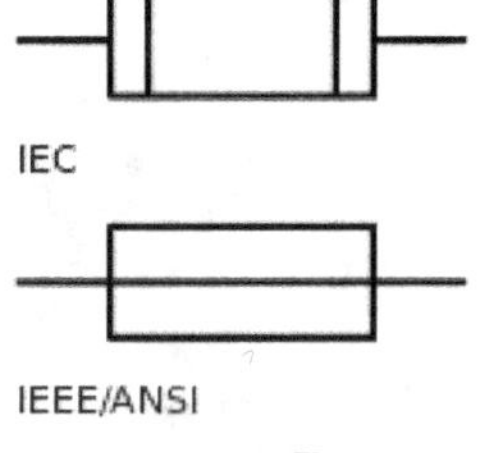

IEC

Il Simbolo elettrico del fusibile varia in base ai modelli, questi tre sono un esempio pratico. Varia anche dalla simbologia corrispondente alle

IEEE/ANSI

Institute of Elettrica and Electronics Engineers,

International Electrotechnical Commission

IEEE/ANSI

American National Standards Institute

SCHEMA ELETTRICO CON FUSIBILE

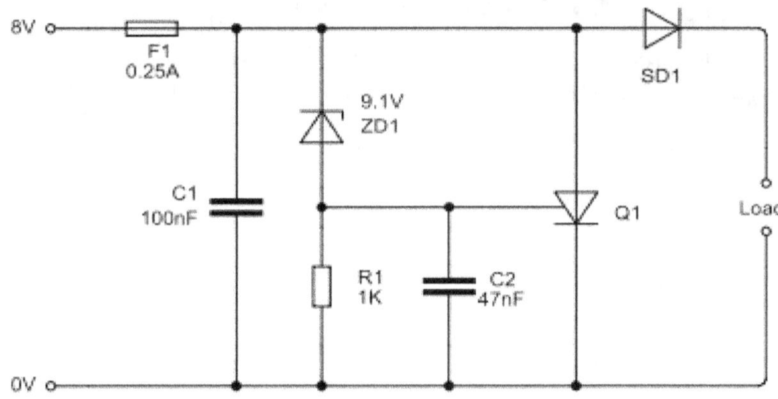

Questo è un banalissimo schema elettrico dove trovi il fusibile, come vedi e come già detto in precedenza vanno inseriti sui poli POSITIVI di alimentazione dei circuiti, che siano circuiti elettrici o elettronici (PCB). In questo schema il fusibile è il componente chiamato F1 da 0.25AMP. La tensione di funzionamento di tutto il circuito è di 8v e la potenza massima permessa al carico è di 2w. Ove il carico o il circuito a valle del fusibile abbia un assorbimento oltre questi 0.250mA il fusibile si brucia, proteggendo il tutto in maniera automatica. Se utilizzato un fusibile auto ripristinante il tutto si riavvierà dopo poco (ove non ci sia ancora il cortocircuito a valle) o se è un fusibile standard va sostituito con uno nuovo con uguali caratteristiche elettriche.

Schema colori (per mini e medium):

Colore	Portata
Nero	1A (solo medium)
Grigio	2A
Viola	3A
Rosa	4A
Arancio	5A
Marrone	7.5A
Rosso	10A
Blu-Azzurro	15A
Giallo	20A
Trasparente	25A
Verde	30A
Verde-Blu	35A (solo medium)
Ambra	40A (solo medium)

Colori fusibili dimensione grande

Colore	Portata
Giallo	20A
Grigio	25A (poco usato)
Verde	30A
Marrone	35A (poco usato)
Arancio	40A
Rosso	50A
Blu-Azzurro	60A
Arancio	70A
Trasparente	80A
Viola	100A

FUSIBILI TERMICI

Esistono anche i fusibili termici, che come dice anche la parola stessa
TEMPERATURA. Questi fusibili scattano non con il variare della corrente nel
filamento interno ma con l'aumentare della temperatura del componente da
tenere sotto controllo. Per esempio abbiamo un motore elettrico che non deve
andare oltre i 50°C, andiamo a inserire un fusibile termico sul polo positivo di
alimentazione e questo si brucerà o meglio andrà ad aprire il circuito
(proteggendo il motore) da una temperatura oltre quella da Scheda tecnica. Un
ulteriore uso può essere su l'uso di resistenze elettriche per il riscaldamento,
superata una soglia di temperatura il circuito viene interrotto, viene tolta
corrente alle resistenze cosi da stare sotto la soglia limite.

I fusibili termici sono anche chiamati TCO vanno da circa 50 a 300°C, esistono
anche per questo modello di fusibile dei tipi ripristinabili, forzando
manualmente la lamina in posizione di lavoro e non AUTO ripristinanti come
nel passato modello.

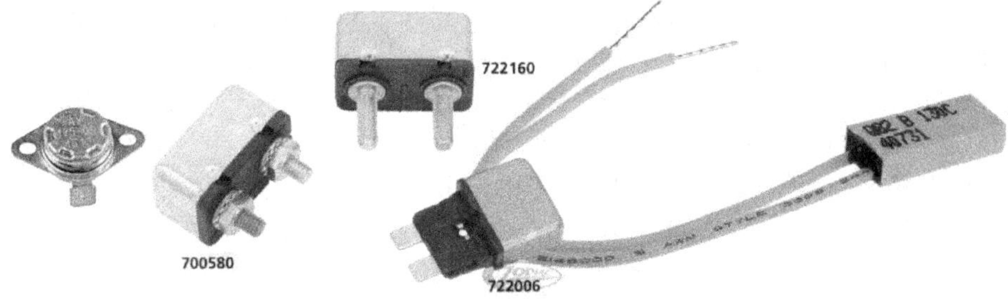

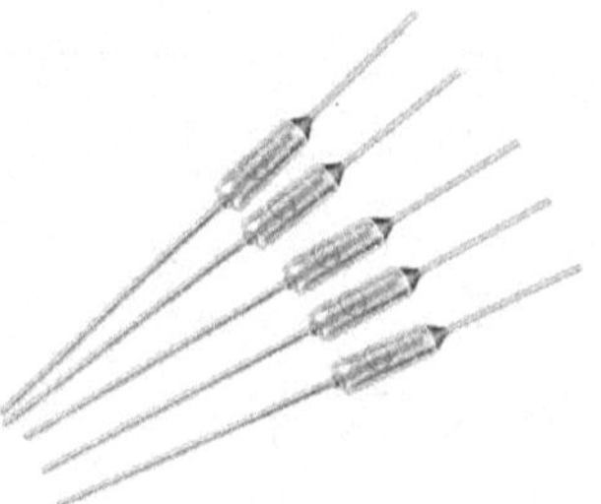

Soluzioni commerciali di facile uso, fusibili Standard

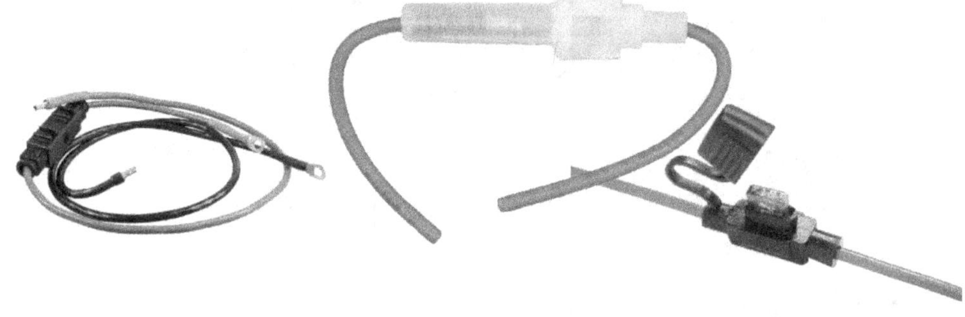

Telaio sospensioni

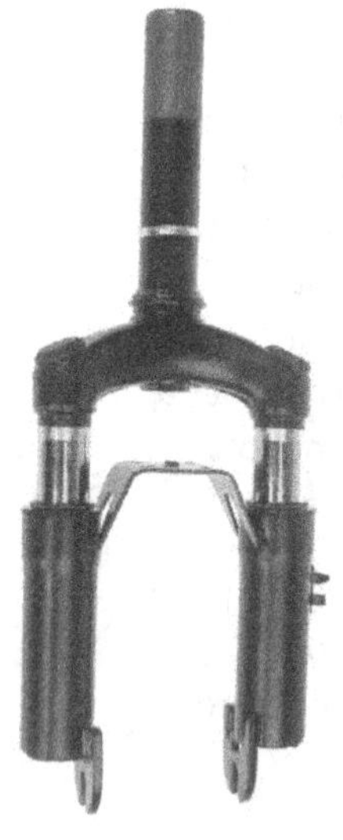

Il telaio del monopattino elettrico solitamente è in alluminio/acciaio o in una lega similare all'alluminio, materiale resistente, leggero e duraturo, purtroppo però tante volte i produttori giocano con le miscele di metalli per avere alla fine un prodotto bello all'apparenza ma nel concreto non forte e non robusto. Il problema di tanti monopattini che a causa del manto stradale, fossi, buche tutti i sussulti arrivano alle parti meccaniche e telaio. Tutto questo causa usura se il materiale non è davvero di qualità. In giro per il mondo in questi anni decine di incidenti sono successi a causa di rotture di staffe, pedane, manubrio, canna dello sterzo che si spezza, bulloni che cedono. Tante volte si è arrivati anche in ospedale con delle brutte ferite e altre volte per fortuna con nulla di grave.

Il mio consiglio è quello di puntare su un prodotto di qualità, un prodotto che vanta un rivenditore autorizzato in Italia o Europa e che ti diano garanzia e assistenza. Il controllo da fare quando prendi per la prima volta il monopattino in mano è una verifica totale di tutte le viti, bulloni, rondelle, bloccaggi, staffe e staffette. Se sono lenti cerca di

stringerli utilizzando magari una ferma filetti, la ferma filetti è un composto liquido che a contatto con i bulloni e la filettatura lo "sigillano". Piu è forte l'incollaggio meno rischi ci sono nel perdere pezzi per strada. In precedenza, ti ho inserito dei QR code per l'attrezzatura che DEVI avere obbligatoriamente per fare manutenzione al tuo monopattino. Una modifica che ormai sta trovando adesioni da tutto il mondo è quella della sostituzione totale di viti e bulloni 'cinesi' con nuovi e più resistenti bulloni di produzione (forse) non cinese. Molti si riforniscono dal ferramenta di fiducia credendo che tali parti di ferramenta siano prodotti per esempio in Italia, a mio avviso invece oggi come oggi NON abbiamo più certezza se davvero un pezzo è fatto in Cina con bassa qualità o in Italia con uno standard qualitativo alto. Il Ferramenta di turno ti dirà sempre SI SONO BUONI, QUALITA TOP, ma nel concreto lo vedrai solo dopo settimane di uso. Il telaio e le parti del monopattino sono continuamente sotto sollecitazioni e almeno una volta al mese devi andare a verificare che tutto sia al posto giusto. Voglio però essere chiaro, dicendo che non è vero che tutto ciò che è cinese è scadente, esistono prodotti cinesi di qualità e prodotti cinesi di bassa qualità. Il

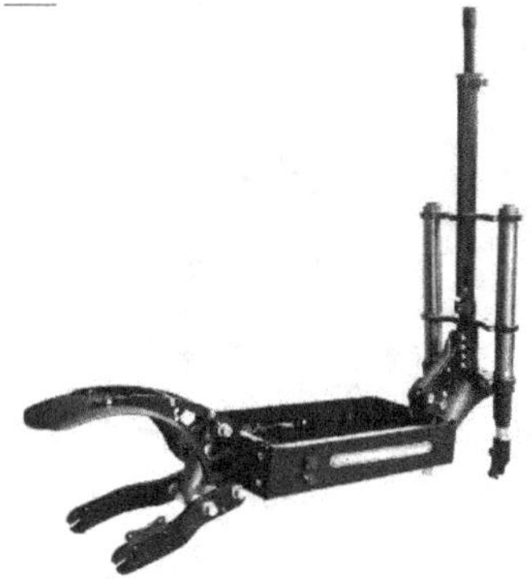

tutto dipende da quanto costano in partenza, e a quanto il venditore ha scelto di pagare qual pezzo. Esistono anche prodotti di bassa qualità venduti a caro prezzo, così facendo si illude l'acquirente che trattasi di prodotti top qualità...ma nel concreto così NON è.

Ruote /gomme

Il monopattino elettrico ha solitamente 2 ruote, esistono oggi anche modelli motorizzati con 3 o anche 4 ruote, nello standard i modelli più prestazionali

consentiti dalla legge sono 500w e con 1 ruota motorizzata, esistono però modelli con doppio motore con potenze come abbiamo visto molto più alte. La dimensione delle ruote varia da modello in modello, ci sono i 10/11 pollici che sono i più grandi attualmente in commercio, ma nei prossimi mesi si attende l'arrivo di nuove soluzioni e modelli ancora più grandi. I modelli più piccoli sono da 6/7/8 Pollici in differente disegno (stradale o off road) di pneumatico e con o senza camera d'aria. Esistono anche ruote in gomma dura senza aria dentro, e anche gomme dure con fori sul fianco, queste ultime sono ottime contro le forature, e a differenza delle 100% dure hanno più ammortizzazione. La differenza tra le 3 tipologie è ovviamente la qualità e comodità nel viaggiare, una ruota senza camera d'aria è in tutto e per tutto simile a quella delle nostre auto TUBLESS, il modello con camera d'aria invece è uguale alle bici, quando fori va sostituita la camera d'aria interna. La ruota DURA in gomma rigida invece non soffre di questi problemi! Non va gonfiata e non necessita particolari controlli e forature. Si può scegliere tra una rigida standard e una rigida forellata, il costo delle ruote rigide standard è che non hanno assolutamente ammortizzazione, montati poi su monopattini piccoli, che non hanno ammortizzatori esterni fanno si che la guida sia davvero scomoda e stancante. Per questo motivo molti sostituiscono le ruote rigide standard con nuove rigide Forellate, per avere una percentuale in più di ammortizzazione grazie appunto alla forma forata. Personalmente oggi come oggi utilizzo ruote con camera d'aria, ho sempre la fifa di prendere un chiodo e dover sostituire per interno la camera d'aria da buttare con una nuova, che ovviamente devi avere sempre a portata di mano, e che i gommisti in città non credo abbiano a disposizione. La scelta in assoluto che per me è valida è la Tubeless come nelle auto, se si forano si possono "riparare" con varie tecniche, qualsiasi gommista può' fare in maniera velocissima. Come vedi ci sono pro e contro, alla fine basta testarli e provarli per poter poi personalmente scegliere qual è la tipologia di ruota che più fa per le proprie esigenze.

Sospensioni e Ammortizzazione

Non tutti i monopattini elettrici hanno un sistema di ammortizzazione, infatti tanti possessori per esempio sullo Xiaomi 365 vanno a installare dei supporti con ammortizzatore che permettono di avere una discreta esperienza di guida. I monopattini più potenti invece hanno sistema di ammortizzazione sia sull'anteriore che sul posteriore, l'anteriore di solito sono due ammortizzatori e molle, nel posteriore possono essere anche montati solo i pistoni senza mollone. Nel mio Kirin M4 pro infatti ho questa predisposizione che però volendo posso andare a cambiare installando due nuovi ammortizzatori con mollone colorato tipo questo in foto. In commercio troverai centinaia di modelli differenti suddivisi per durezza, dimensione e fissi o regolabili. Ti lascio qualche QRcode di promozioni e offerte.

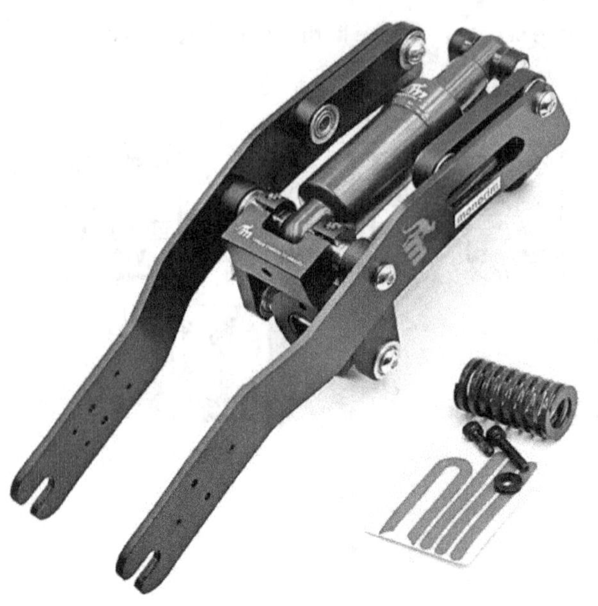

MONORIM PER XIAOMI

- Kit di sospensione originale Monorim, compatibile con monopattini elettrici Xiaomi M365, 1S, Essential, Pro, Pro 2
- Specifiche: peso netto di circa 2,15 kg, misure 400 x 170 x 155 mm, realizzato in alluminio e acciaio di alta qualità, certificato CE, RoHS, FCC
- L'opzione nera include una molla singola che può trasportare fino a 120 kg. L'opzione Nero / Rosso e Bianco / Rosso include due molle intercambiabili per pesi da 70 kg a 100 kg; utilizzare la molla blu se il peso è maggiore di 70 kg

Le sospensioni in un monopattino elettrico sono molto importanti e vanno scelti in maniera corretta, come vedi da questa foto in commercio le dimensioni delle

staffe variano e prima di ordinarne una coppia devi andare a misurare quanti centimetri è l'alloggiamenti del tuo monopattino. L'uso è compatibile sia su anteriore che posteriore. In foto ti inserisco l'ammortizzazione del Kirin M4 pro che come vedi sull'anteriore ha due ammortizzatori a mollone, freno a disco e il faretto led di potenza. Con il nuovo modello abbiamo molta più qualità e robustezza, anche per l'impianto di ammortizzazione la Kugoo ha fatto passi avanti e nei futuri modelli sono certo che andrà sempre avanti utilizzando tecnologie e soluzioni ottimali. Nella parte posteriore del monopattino invece si trova l'ammortizzazione connessa alla pedana, questa volta è stato scelto di non montare ammortizzatori con molla, ma come già detto molti appassionati effettuano il cambio degli stessi con modelli più belli esteticamente e sportivi. Il Kirin M4 pro ha una buona tenuta, si comporta bene anche su strade dissestate e con buche/pietre. A differenza dei monopattini senza ammortizzazioni questi ti danno un confort di guida davvero elevato. Come tutto comunque modificabile, potenziabile e migliorabile.

XIAOMI m365 pro

Potenza Motore

- 300W
- Velocità Max. 25km/h
- Pendenza Max.20%
- Autonomia batteria 45km
- Peso 14.2kg

Ruota Anteriore 8.5"

- Ruota Posteriore 8.5"
- Batteria 474Wh
- Batteria supplementare no
- Freno anteriore Elettrico
- Freno posteriore Disco meccanico
- Ammortizzatore No
- Resistente all'acqua IP54
- Risparmio energetico Si
- Luci di marcia ND
- Luci Led Anteriore e posteriore
- Display LED
- Modalità di guida 3 (Eco 15Km, Drive 20Km e Sport 25km)
- Cruise control
- Si
- Campanello
- No
- Pieghevole
- Si
- Dimensioni da aperto
- 118 x 43 x 114 cm
- Dimensioni da chiuso
- 118 x 43 x 49 cm

GLI ACCESSORI

LI TROVI QUI

NINEBOT G30 MAX

- Marca: Ninebot
- Modello: MAX G30
- Angolo di salita: Circa 20%
- Temperatura di esercizio: -10-40 °C
- Temperatura di conservazione: -20-50 °C
- Livello impermeabile: IPX5
- Tempo di carica: Circa 6h
- Tensione nominale: 36V DC
- Tensione di carica: 42V DC
- Temperatura di ricarica: 0-40 °C
- Capienza stimata: 551Wh
- Potenza nominale: 350W
- Potenza di uscita: 121W
- Tensione di ingresso: 100-240 V 50/60 Hz
- Tensione di uscita: 42V DC
- Corrente di uscita: 2.9A
- Luce del freno: Fanale posteriore a LED
- Cambio di modalità:
  Modalità risparmio energetico, modalità standard, modalità sport
- Davanti e dietro: Pneumatico per vuoto Naturale + sintetico + gomma
- Taglia: 1167 x 472 x 1203mm
- Dimensioni pieghevoli: 1167 x 472 x 534mm
- Altezza della tuta: 120-200cm
- Età del vestito: 14-50 anni
- carico massimo: 100kg
- Peso netto: 19.1kg

- Specificazione
  Modalità velocità: 3 modelli: 15KM/H; 30KM/H; 45KM/H
  Velocità massima: 45 km / h
  Gamma massima: 45 km
  Coppia massima: 24 Nm / s
  Capacità di arrampicata: 15 °
  Tipo di motore: motore brushless DC
  Potenza nominale: 500 W
  Tipo di batteria: batteria al litio 18650
  Capacità della batteria: 11 Ah
  Tensione nominale: 48 V
  Tempo di ricarica: 6 ore
  Uscita di ricarica: 54 V
  Tipo di freno: freno a disco
  Distanza di frenata: 4 m
  Livello impermeabile: IPX4
  Dimensione pneumatici: 10 pollici
  Larghezza del pedale: 21 cm
  Altezza telaio: 12 cm
  Dimensioni piega: 116 x 21,5 x 35 cm
  Dimensioni spiegate: 115 x 56 x 120 cm
  Peso e dimensioni
  Peso del prodotto: 23,2 kg
  Peso del pacchetto: 26,8 kg
  Dimensioni del prodotto (L x P x A): 115 x 56 x 120 cm
  Dimensioni imballo (L x P x A): 120x 30 x 37 cm
  Contenuto della confezione
  1 x monopattino elettrico
  1 x caricabatterie
  1 x kit di strumenti
  1 x sedili
  1 x manuale utente

KUGOO M4 PRO

2021

IL MONOPATTINO

LO TROVI QUI

- Marca: KUGOO
  Tipo: Scooter elettrico
  Modello: M4 pro
  Colore: Nero
- Materiale del corpo principale: lega di alluminio
  Motore: 48 V 500 W
  Batteria: 16 Ah
  Adattatore: 54,6 V, 2 A
  Carico massimo: 150 kg Velocità massima: 40-45 km / h
  Gamma massima: 55-65 km per carica
  Tempo di ricarica: 8 ore
- Pendenza superabile: 10 °
- Peso e dimensioni
- Peso prodotto: 22,5kg
- Peso confezione: 26 kg
  Dimensioni prodotto (L x P x A): 119x28x47
  Dimensioni confezione (L x P x A): 125x28x50
- Contenuto del pacco
- 1 x scooter elettrico M4 Pro
  1 x kit di attrezzi
  1 x caricatore
  1 x manuale utente

DUCATI PRO 2

IL MONOPATTINO

LO TROVI QUI

- TELAIO: in lega di magnesio, foldabile.
- SOSPENSIONE: posteriore.
- VELOCITA': ECO: <= 6km/h | D:<= 20km/h | S: <= 25km/h (velocità max).
- PENDENZA MASSIMA: 15%.
- FRENI: doppio freno (elettrico anteriore e a disco posteriore).
- POTENZA MOTORE: 350W.
- PNEUMATICI: 10" tubeless anteriore e posteriore.
- PROTEZIONE A BASSA TENSIONE: 31V +/- 0.5V.
- LIMITE DI CORRENTE: 13A.
- TIPOLOGIA MOTORE: brushless.
- CARICO MASSIMO: 100kg.
- CONDUCENTE: da 14 anni di età/140-190 cm di altezza con l'utilizzo del casco e delle protezioni.
- DISPLAY: 3.5'' LCD integrato.
- BATTERIA: 36V, 7.8Ah.
- LUCI: a LED anteriore e posteriore.
- CARICABATTERIA: caricabatterie EU Standard DC 2.1, 42V 2A.
- TEMPO DI CARICA: 5/6 ore.
- AUTONOMIA: fino a 35km (percorsi a velocità media di 15km/h, soggetta a variazioni in base al peso del conducente, alle condizioni della strada, alla temperatura ecc.).
- TEMPERATURA DI ESERCIZIO: 0°C/45°C.
- LIVELLO DI PROTEZIONE: IPX4.
- PESO NETTO: 15,2 kg.
- PESO LORDO: 18,1kg.
- DIMENSIONI PRODOTTO APERTO: 1160x473x1150mm.
- DIMENSIONI PRODOTTO CHIUSO: 1160x473x490mm.
- DIMENSIONI PACKAGING: 1195 x 190 x 510mm.

DUCATI SCRAMBLER

IL MONOPATTINO

LO TROVI QUI

- Telaio: lega di acciaio ad alta resistenza, foldabile;
- velocità: eco: <= 6 km/h | d:<= 20 km/h | s: <= 25 km/h (velocità max); pendenza massima: 15%;
- freni: freno a disco anteriore e posteriore;
- potenza motore: 500w;
- pneumatici: 110/50-6.5" tubeless anteriore e posteriore;
- protezione a bassa tensione: 31v +/- 0.5v;
- limite di corrente: 17a;
- tipologia motore: brushless, posteriore;
- carico massimo: 120 kg;
- conducente: da 14 anni di età/140-190 cm di altezza con l'utilizzo del casco e delle protezioni
- Display: 3.5'' lcd integrato;
- batteria: 36v, 10.4ah;
- luci: a led anteriore e posteriore;
- caricabatteria: caricabatterie eu standard 54.6v, 1.7a, dc2.1;
- tempo di carica: 4/6 ore;
- autonomia: fino a 35 km (percorsi a velocità media di 15 km/h, soggetta a variazioni in base al peso del conducente, alle condizioni della strada, alla temperatura ecc.);
- temperatura di esercizio: -10°c / 50°c;
- livello di protezione: ipx4
- Peso netto: 25.4 kg;
- peso lordo: 28 kg;
- dimensioni prodotto aperto: 1180 x 473 x 1212 mm;
- dimensioni prodotto chiuso: 1180 x 473 x 510 mm;
- dimensioni packaging: 1195 x 260 x 520 mm

- **Specifiche tecniche**
- Contenuto dell'imballo
- Seduta inclusa No
- Adattatore AC/DC Sì
- Dimensioni e peso
- Peso 17500 g
- Caratteristiche
- Velocità massima 25   km/h
- Capacità massima di carico 100   kg
- Ripiegabile Sì
- Colore del prodotto Arancione, Bianco
- Età consigliata (min) 14   anno
- Parametri visualizzati Stato della batteria, Velocità
- Autonomia con un ciclo di piena carica (max) 40   km
- dimensione ruota anteriore 10   "
- Impianto frenante posteriore Freno elettrico
- Cavalletto Sì
- dimensione ruota posteriore 10   "
- Impianto frenante anteriore Tamburo
- Display incorporato Sì
- Posizione del motore Ruota posteriore
- Genere consigliato Qualsiasi tipo
- Diametro delle ruote anteriori 254   mm
- Numero di ruote 2   ruota
- Diametro delle ruote posteriori 254   mm
- Tipo Monopattino classico
- Resistente all'acqua Sì
- Fari Sì
- Funzionalità di protezione dell'alimentazione Sovracorrente, Sovraccarico, Surriscaldamento, Cortocircuito
- Fanale posteriore Sì
- Altezza consigliata (min.) 1.2   m
- Altezza consigliata (max.) 2   m
- Intervallo di temperatura -20 - 50   °C
- Intervallo temperatura di funzionamento -10 - 40   °C
- Gestione energetica
- Potenza motore 350   W
- Numero di batterie 1
- Frequenza di ingresso AC 50/60   Hz
- Tensione di ingresso AC 100 - 240   V

- **Specificazione**
  Modello: KUGOO G-MAX
  Colore: nero / grigio
  Velocità massima: 35 km / h
  Gamma massima: 32 km
  Batteria: 36 V 10,4 Ah
  Carico massimo: 100 kg
  Motore: 36 V 500 W
  Pneumatico: pneumatico da 10 pollici
  Tempo di ricarica: 6-7 H
  Freno: freno a disco e freno elettrico

  Peso e dimensioni
  Peso del prodotto: 20 kg
  Peso del pacchetto: 25 kg
  Dimensioni del prodotto (L x P x A): 1190 x 575 x 1150 mm (aperto),
  1190 x 575 x 535 mm (piegato)
  Dimensioni imballo (L x P x A): 1205 x 235 x 522 mm

  Contenuto della confezione
  1 x G Max scooter elettrico
  1 x caricabatterie
  1 x tubo gas esteso
  1 x kit di strumenti
  1 x manuale utente

- Età di utilizzo consigliata: 14+
- Velocità massima25 km/h (15.5 mph)
- Pendenza massima affrontabile15 degree
- Peso netto14.4 kg (31.7 lbs)
- Potenza: 300 watt
- Range: 25 km (15.5 miles)
- Dimensione delle ruoteDual Density Tyres (maintenance free)
  Front: 22.9 cm / 9 inch
  Back: 22.9 cm / 9 inch
- Tempo di ricarica4 hours (excl. optional extra battery)
- Portata: 100 kg
- Controllo da remoto: No
- App Monitor: Si
- Bluetooth: Si
- Ruote da nove pollici
- Velocita massima 25km/h
- Autonomia massima 25km/h
- Freno: anteriore/posteriore e motore
- Luce led anteriore e posteriore
- Tre modalità di guida
- Campanello a pressione
- Batteria esterna compatibile

Il motore a ruota da 250 W fornisce la Velocità massima di 25 km / h e pendenza massima di 14 gradi
● Tre modalità (modalità di risparmio energetico, modalità standard, modalità sport) possono
essere commutate per toccare due volte il pulsante dell'interruttore
● Gonfiabile in gomma da 8,5 pollici ruote da utilizzare per diversi motivi
● Design a piegatura rapida per un comodo trasporto nel bagagliaio della macchina
● Sistema di doppio freno, per garantire la sicurezza durante la guida.
● Calotta in lega di alluminio per un carico utile massimo di 100 kg
● Adatto per adulti e adolescenti
● Tensione di ingresso: CA 100-240 V, 50/60 Hz
● Tempo di ricarica: 6-8 ore

- Velocità massima: Acirca 25km / h
- ECO (Risparmio energetico): 15km/h
- D (Modalità normale): 20 km / h
- S (Modalità sport): 25 km / h
- Massima salita: Adel 14%
- Freni: freni elettronici e freni fisici
- Potenza nominale: 250W
- Massima Potenza: 500W
- Pneumatico: 8.5inch
- Dimensione espansa: 108x43x114cm
- Dimensioni piegate: 108x43x49cm
- Protezione da sottotensione del controller: 27V
- Limite di corrente del controller: 19A
- Tipo di motore: Motore DC senza spazzole a bassa velocità
- Carico massimo: 100kg
- Altezza applicabile: 120-200cm
- Età applicabile: 16-50 anni
- Temperatura di lavoro: -10-40 °C
- Temperatura di conservazione: -20-45 °C
- Impermeabile: IP54
  Tempo di carica: circa 5 ore

KRONOS 2.0

- PESO
- 13,2 Kg
- MOTORE
- Brushless 350W potenza nominale (500W di picco)
- CONTROLLER
- Regolatore a onde sinusoidali 670W
- BATTERIA
- Configurazione 10s3p celle al litio 18650 – 2.600mAh Voltaggio nominale 36V – Capacità nominale 10.400 mAh
- VELOCITA'
- Massima 25 km/h con limitatore a due velocità regolabili
- TELAIO
- Lega di alluminio aerospaziale con ammortizzatori posteriori
- PEDANA
- Rivestita in legno Okumé Marino molto resistente agli agenti atmosferici con striscia centrale antiscivolo
- PNEUMATICI
- 8,5" Ammortizzanti antiforatura
- FRENO
- A disco forato con pinza maggiorata in alluminio forgiato
- LUCI
- Lampada anteriore lenticolare a led ad alta luminosità; luce posteriore a led con stop lampeggiante e luci rosse laterali d'ingombro
- CONNETTIVITA'
- Bluetooth 4.2 con applicazione iOS/Android
- PENDENZA SUPERABILE
- 15°
- CAPACITA' DI CARICO
- 110 Kg
- AUTONOMIA
- 31 Km (media di 5 test su pista da atletica
- indoor in tartan ad elevato attrito e carico di 85Kg)

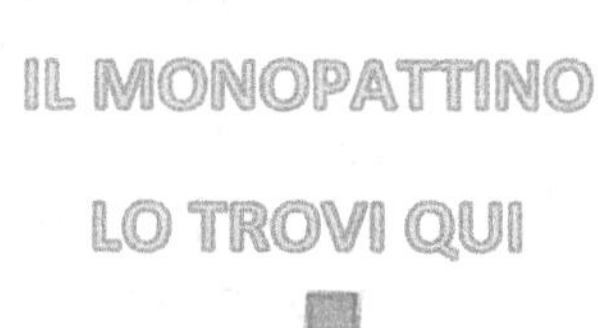

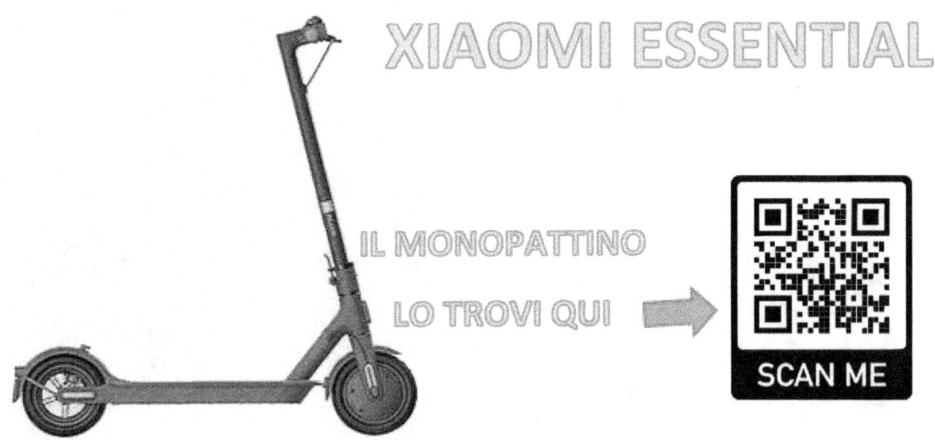

- Tipologia di prodottoScooter elettrico
- PerAdulti
- ModelloXiaomi Mi Essential
- pieghevolesì
- Potenza del motore (W)250
- Velocità massima (Km / h)20
- Gamma massima (Km)20
- Tipo di sediaNessuna sedia
- La lucesì
- Ruote (pollici)8.5
- Freni: si
- Angolo di salita in pendenza (gradi)10
- Carica batteria187 Wh
- Caratteristiche specialiBluetooth 4.1
- Peso: 12 kg; peso massimo supportato: 100 kg
- Velocità massima: ca. 25 km/h; sofisticato sistema di controllo della velocità di crociera e recupero dell'energia cinetica (KERS)
- Durata della batteria: fino a 20 km
- Display integrato per un comodo e veloce monitoraggio con velocità/batteria/km/modalità
- Pneumatici antislittamento e ammortizzanti da 8.5 pollici; doppio sistema frenante

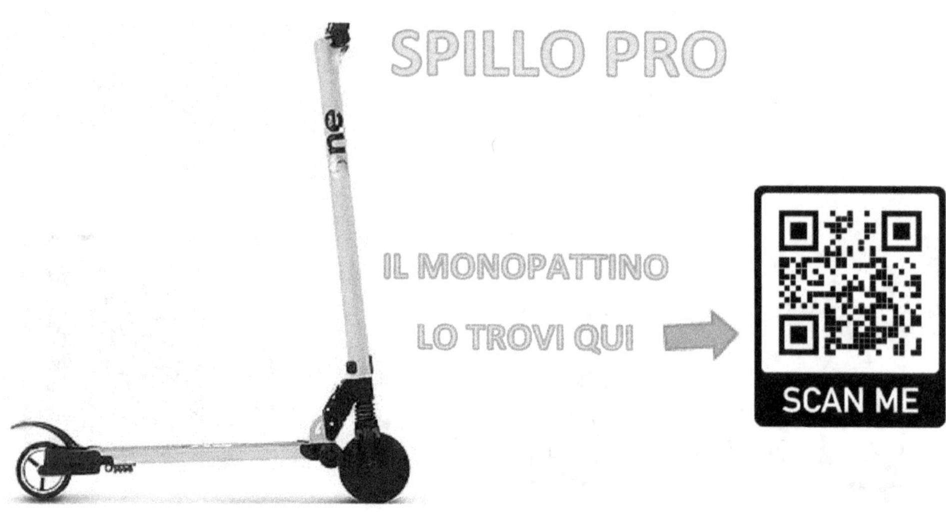

Dati tecnici

- Velocità Max 20 km/h
- Motore 350W Brushless
- Computer di bordo che mostra la velocità, modalità, batteria e connessione Bluetooth
- Ruota da 6,5" (ant.) e 6,5" (post.)
- Freno elettrico (ant.) + flex fender (post.) Ammortizzatori anteriore e posteriore
- Telaio in alluminio pieghevole
- Luci a LED anteriore e posteriore
- Grado d'impermeabilità IPX4
- Portata massima 100 kg
- Cavalletto laterale Segnalatore acustico
- Connessione tramite App
- Batteria al Litio 36V - 8Ah
- Batteria integrata nel telaio
- Tempo di ricarica 4 - 6 ore
- Peso totale 10,4 kg
- Autonomia Max 16-21 km*
- Dimensioni aperto (LxAxP) 945x1.120x400mm Dimensioni chiuso (LxAxP) 1.135x305x400mm
- Imballo prodotto (LxAxP) 1.180x290x200mm

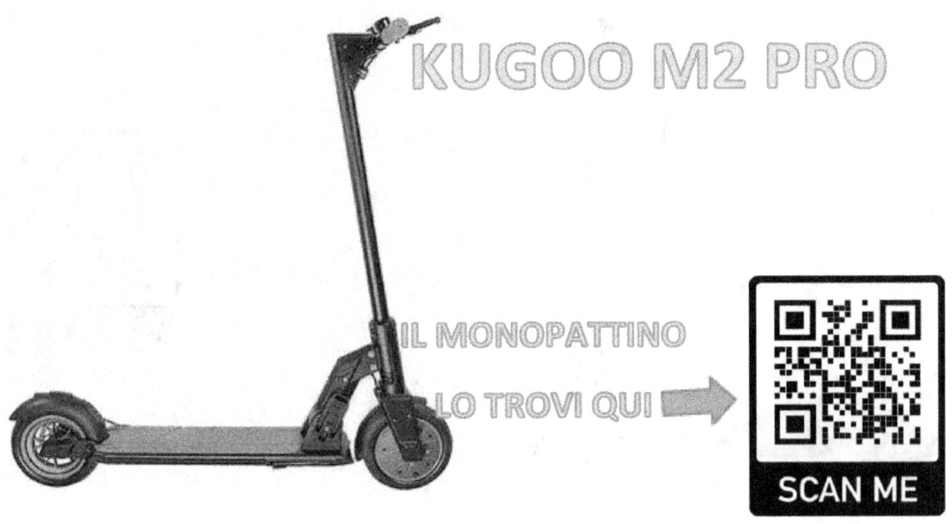

- **SPECIFICHE TECNICHE**

  Carico massimo: 120kg
  Velocità massima: 25km/h
  Modalità di velocità: 15km/h, 20km/h, 25km/h
  Gradiente ammissibile: 15 gradi
  Chilometraggio massimo: 30km
  Tensione della batteria: 36V
  Tipo di batteria: 18650 al litio
  Capacità della batteria: 7.5Ah
  Tipo di motore: Motore a corrente continua brushless
  Potenza del motore: 36V/350W
  Velocità massima del motore: 680-730RPM
  Tensione nominale del motore: 36V
  Tensione del caricabatterie: 220V, 50-60HZ
  Tempo di ricarica: 4-6h
  Distanza di frenata: 4-5m
  Pneumatico: 8,5 pollici pneumatico ad aria
  Peso del prodotto: 15,6 kg
  Dimensioni del prodotto (L x P x A): 1115 x 1115 x 515mm

- Telaio in alluminio di grado aeronautico
- Dotato del doppio sistema frenante, freno elettrico anteriore e freno a disco meccanico, la distanza di frenata è di soli 4 metri e rende la guida più sicura

Specifiche

- Modalità di velocità: 15 km/h, 25 km/h, 30 km/h.
- Batteria: pacco batterie agli ioni di litio 18650.
- Massima distanza percorribile: 30 km (dipende da fattori quali carico, temperatura, velocità del vento e utilizzo effettivo).
- Massima velocità: 30 km/h.
- Massima capacità di carico: 120 kg.
- Illuminazione: faro anteriore, fanale posteriore.
- Pendenza supportata (dipendente dal peso): 15 gradi.
- Capacità della batteria: 7,5 Ah.
- Tensione della batteria: 36 V.
- Tipo di motore: motore cc brushless.
- Potenza nominale del motore: 350 W.
- Massima velocità di rotazione del motore: 700 giri/min.
- Tensione nominale del motore: 36 V.
- Massima coppia: 13,3 Nm.
- Tempo di ricarica: 4 ore.
- Impermeabilità: IP54.
- Dimensioni della ruota: pneumatico pieno a nido d'ape da 8" a prova di esplosione.
- Spazio di arresto: 4 m.
- Bluetooth: non supportato.
- App: non supportata.
- Dimensioni e peso:
- Peso del prodotto: 11 kg.
- Peso della confezione: 15 kg.
- Dimensioni del prodotto: 1050 x 450 x 930/1070/1160 mm (aperto).
- Dimensioni della confezione: 1030 x 210 x 405 mm.
- Dimensioni (piegato): 960 x 210 x 330 mm.

- Marca: KUGOO
  Tipo: Scooter elettrico
  Modello: ES2
  Colore: Nero
- specificazione
- Peso massimo supportato: 100 kg
- Velocità massima: 25 km / h
- Potenza motore: 350 W.
- Tipo di freno: freno elettronico + freno a disco
- Tempo di ricarica: 4-6 ore
- Tensione standard: AC110-240V / 50-60 HZ
- Dimensioni pneumatici: 8,5 pollici
- Inclinazione massima: grado ≤15
- Capacità della batteria: 36 V 7,5 Ah
- Distanza massima: 25 km
- Tipo di batteria: batteria al litio da 7,5 Ah
- Peso e dimensioniPeso del prodotto: 16
  kg Peso confezione: 19 kg
  Dimensioni prodotto (L x P x A): 120 x 51 x 114 cm
  Dimensioni confezione (L x P x A): 117 x 25 x 49,5 cm
- Contenuto del pacco
- 1 x scooter elettrico
  1 x caricatore
  1 x toolkit (4 * chiave esagonale, 1 * cacciavite)
  1 x manuale utente

Dimensione totale (mm):
1260 x 300 x 1210 mm.
Dimensioni da piegato (mm):
1250 x 300 x 500 mm.
Dimensioni della confezione (mm):
1280 mm x 350 mm x 600 mm.
massimo peso supportato: 150 kg.
Peso netto (kg): 27 kg.
Velocità massima (km/h): 45 km/h.
Raggio d'azione (km): 20 Ah, 55 km
(con un motore, 75 kg di carico, su
una strada piana).
Grado: 40 gradi.
Temperatura di esercizio: da -10 °C
a -40 °C.
Temperatura di conservazione: da -
10 °C a +40 °C.
Tipologia di batteria: batteria al litio 18650.
Tensione nominale (V): 48,1 V.
Tensione di ingresso (V): 54,6 V.
Capacità della batteria (Ah): 20 Ah.
Motore a corrente continua brushless.
Potenza del motore: 800 Watt x 2 motori.
Potenza nominale di uscita: 800 Watt x 2
motori (potenza di 1200 Watt x 2 motori).
Tensione nominale: 48 V.
Caricabatterie:
Potenza nominale (W): 109,2 W.
Tensione di ingresso (V): 100-240 V CA.
Tensione in uscita (V): 54,6 V.
Corrente nominale: 2 A.
Tempo di carica: 10 ore.
Opzionale: doppia porta di ricarica (circa 5 ore quando si utilizza una doppia
porta di ricarica).
Dimensione della ruota: pneumatici senza camera d'aria da 10 pollici.
Materiale del telaio: lega di alluminio 6061.
Impermeabilità: IP54.
Sospensioni: 4 ammortizzatori per ruota anteriore e 2 ammortizzatori per ruota
posteriore.
Display: display a colori.
Freni: freno a disco anteriore, freno a disco posteriore e freno elettronico.

Batteria: 36V 10.4Ah

Autonomia: 25-35 km

Potenza: 650 W

Velocità: Limitato a 25 km/h delimitato 35 km/h

Freni: Tamburo posteriore + anteriore + magnetico

Peso: 12.7 kg

Un'accessorio molto importante da inserire sul tuo Monopattino puo' essere oltre a un piccolo Voltmetro (se già non in dotazione) ancora piu importante è l'allarme sonoro. Esistono in commercio decine di variant differenti, dal piu semplice ed economico con batterie stilo al piu completo e smart che funziona senza problem a tensione della tua

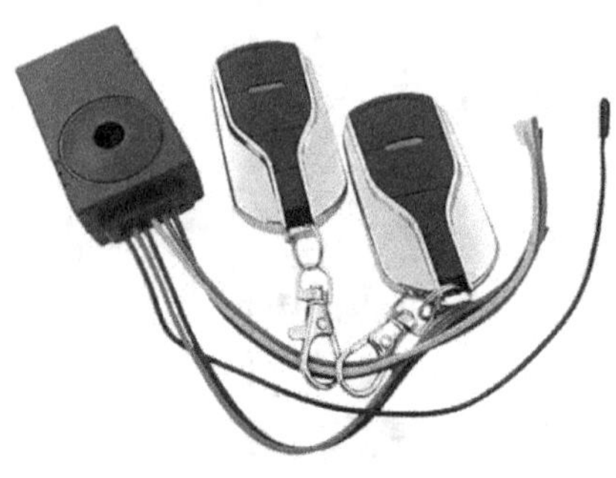

batteria.Questo in foto per esempio è il modello piu prestazionale e completo che puoi adattare ove sia compatibile con le tensioni di alimentazione al tuo Monopattino. Possiede ben 2 telecomandi a controllo remoto. Il telecomando ha 4 tasti per varie funzioni, una delle tante è far suonare l'allarme a distanza! Per esempio se qualcuno si avvicina troppo al tuo Monopattino o bici elettrica e tu a distanza ti accorgi di comportamenti strani,puoi azionare l'allarme e farlo suonare. Cosi' facendo il potenziale ladro si allontanerà dal Monopattino. La potenza non è male,certo non possiamo paragonarla a sistemi antifurto di auto o scooter,che montano elettronica e speaker molto piu grandi e pesante. Per le dimensioni e peso questo kit non è affatto male! Poi grazie anche al suo Prezzo molto aggressive in queste settimane sta vendendo davvero molti pezzi in tutto il mondo. L'installazione semplice di questo kit antifurto è

semplicissima,basta cablare I cavi di alimentazione principale cosi' da farlo funzionare solo come 'suono e sensore di movimento'. In Questa configurazione non interromperà l'alimentazione in caso di allarme,se invece vuoi che il tuo Monopattino si fermi,devi cablare I cavi dell'immobilizzatore. Questi cavi agiranno sul filo di alimentazione principale cablato alla centralina e la staccheranno completamente. Se va utilizzato come immobilizzatore dal moment oche scatta l'allarme il Monopattino non funzionerà piu nemmeno con la chiave girata.

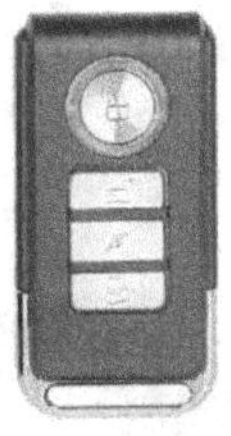

Soluzione molto meno complessa però che funge solo da "suono" e non da immobilizzatore esistono questi antifurti a batterie mini stilo, anche questi molto leggeri e compatti,solitamente venduti con un telecomando,ma è sempre possible aggiungerne degli ulteriori. Io personalmente ho preferito l'uso della centraline alimentata da batteria Monopattino,anche perchè non ho problem a smontare,saldare,cucire cavi elettrici. Se tu non hai esperienza in merito,ma vuoi inserire un'allarmino sonoro con buona sensibilità e funzionamento questo fa sicuramente al caso tuo. Devo ammettere anche che optando per quello connesso alla batteria del Monopattino nell'ultima settimana ho potuto costatare che anche se poco,ha un consume della batteria.Solitamente I circuiti elettronici hanno un autoconsumo anche da disattivati,e infatti questo allarmino mi fa scaricare anche parliamo di sciocchezze la batteria. Entrambi modelli si possono installare con un BIADESIVO in dotazione nella confezione.

Ti lascio qui 3 dei miei ultimi video su antifurto per bici e monopattini, in piu anche come funziona la connessione serie/parallelo delle batterie litio

ZAINO/BORSA PORTA BATTERIA E OGGETTI

Vai a vedere i miei video per conoscere tutti i segreti della tecnologia,mi raccomando iscriviti e abbonati al canale!

Queste sono le categorie del canale piu importanti

EV - AUTOMOTIVE ELETTRICO	IN GIRO CON FOX
SCAN ME	SCAN ME
ELETTRICO - FAI DA TE - AUTOMOTIVE	4 chiacchiere
SCAN ME	SCAN ME
Led & Illuminazione	18650 litio & Powerwall
SCAN ME	SCAN ME
Energie alternative - Fotovoltaico & FAi DA TE	Unboxing & test
SCAN ME	SCAN ME

Andiamo a vedere ulteriori accessori importanti per il monopattinista sono

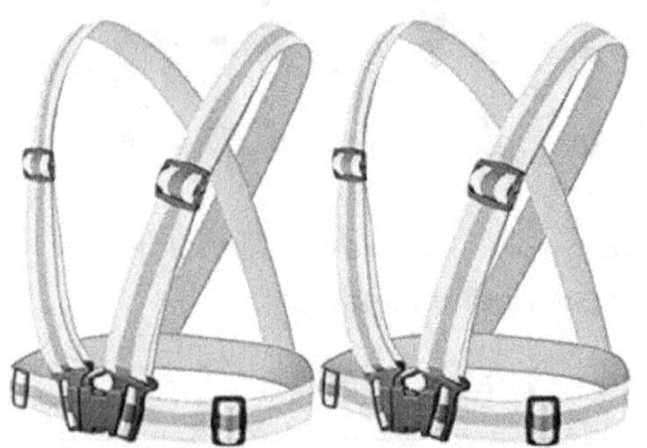

casco e giubbottino catarifrangente.Per permettere la visione sia di giorno che di sera nelle strade è consigliato (obbligatorio) l'uso di adesivi catarifrangenti e di giubbotti/gilet riflettenti. Grazie a questi la luce dei fari delle vetture che circolano in strada creeranno una forma di abbaglio, dando visibilità della persona e del monopattino. I prodotti commerciali adatti a questo scopo sono tantissimi, con variazione di forme e colori. Andiamo a vedere come in foto in alto un Gilet

da indossare sulla maglietta, felpa o giobotto.Questo gilet ha una forte riflessione a 360°,ti darà visibilità sia in condizioni di luce che con scarsa luce aumentando la sicurezza. È molto leggera e veloce da indossare e togliere.

Un'ulteriore variante è questa che nasconde sulla parte retro dei led ultra-luminosi di colore rosso, che mediante un piccolo tastino ti permette di

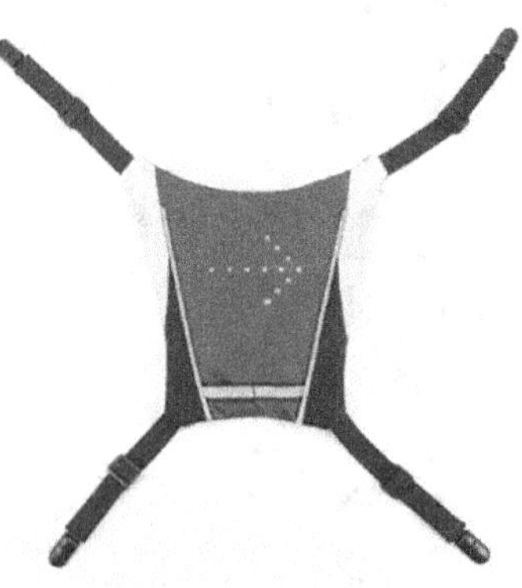

accenderli o spegnerli. Una volta accessi daranno un lampeggio che oltre al materiale riflettente ti permetterà di essere perfettamente visibile anche con scarsa luce. Funziona con batteria da 3v 2032CR e ti permette una visibilità da oltre 200metri.Oltre questo abbiamo lo zainetto a led controllato da telecomandino RF questo zainetto molto compatto e fatti in tessuto rifrangente ti permetterà di far apparire 5 segnali sulla parte centrale, STOP in colore led rosso, freccia sinistra e freccia destra, freccia verso l'alto e led lampeggianti come ''pericolo''. Il tutto selezionando dal piccolo telecomando in dotazione. questo gilet dilettante a LED puo essere facilmente assemblato sul tuo zaino da ciclismo, è un accessorio assolutamente perfetto per il ciclismo su strada.

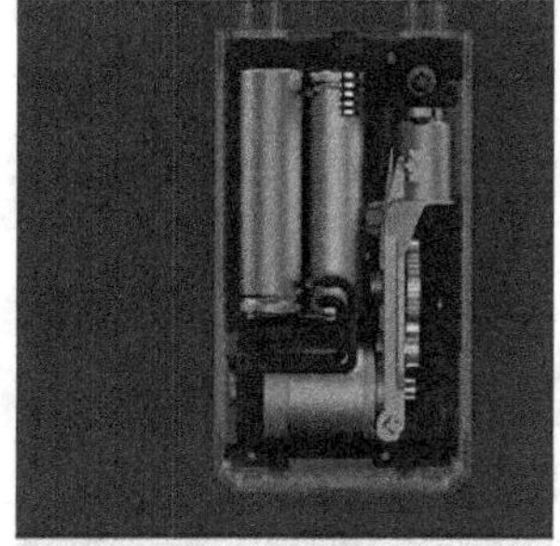

Un altro accessorio che consiglio avere sempre a portata di mano,ma non solo per l'uso con il Monopattino elettrico ma anche con le bici,gonfiare anche le ruote delle auto,gommone,palloni etc. Grazie alle dimensioni e potenza è una delle pompe a batteria ricaricabile piu vendute in Europa,Xiaomi ha lanciato un ottimo prodotto che personalmente utilizzo e posso parlarne discretamente bene,ha un led per l'uso come emergenza,un ampio display led bianco,molto bello ed elegante,anche la sua forma è molto carina,un bell'aggeggio tecnologico davvero!Con questo potrai tenere sempre sotto controllo la pressione delle ruote del tuo Monopattino elettrico,gonfiandole fino alle soglie consigliate,che solitamente variano dal peso del guidatore e dal Diametro delle ruote. Un errore comune è tenere le gomme troppo sgonfie. Se la gomma è sgonfia è facile forare. È pertanto che ti suggerisco di controllare settimanalmente la pressione delle gomme del tuo monopattino.

Tuo Peso (Kg)	RUOTA FRONTALE		RUOTA POSTERIORE	
	(PSI)	BAR	(PSI)	BAR
50-70	35-40	2.4-2.7	40-50	2.7-3.4
70-90	40-45	2.7-3.1	45-55	3.1-3.7
90-100	45-50	3.1-3.4	50-60	3.4-4.1

Oltre i 100kg si puo' utilizzare una pressione che va dai 50-55PSI FRONTALE e 60/65 POSTERIORE.

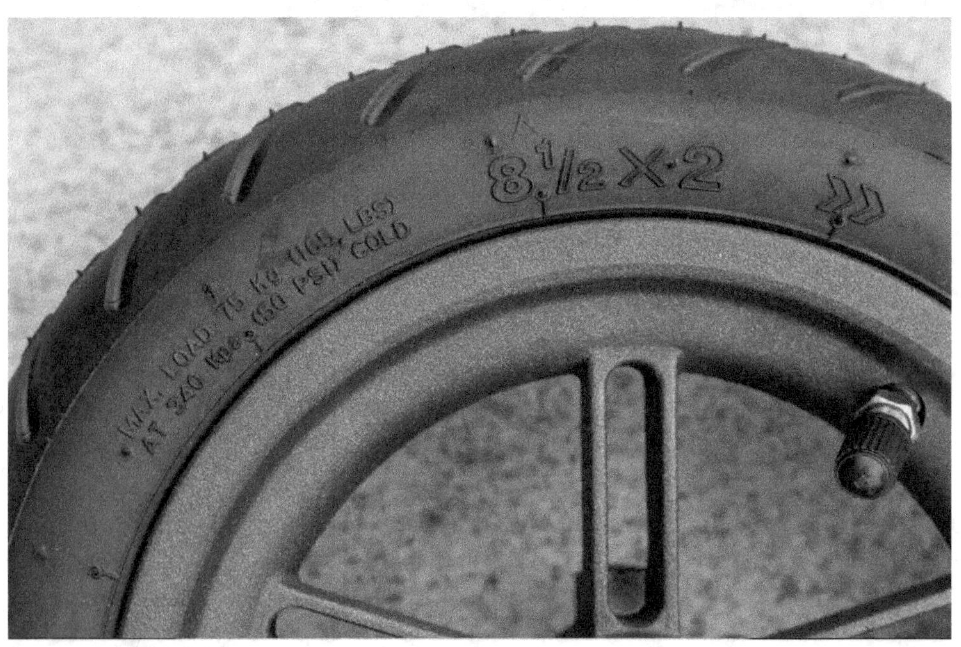

La pressione degli pneumatici influisce sulle **prestazioni** e sulla **durata** degli pneumatici. **pneumatici** . Influiranno anche sull'autonomia, sulla manovrabilità e sulle prestazioni di frenata degli scooter. Far funzionare il pneumatico alla pressione corretta ridurrà la resistenza al rotolamento. Se guidi il tuo scooter alcune volte alla settimana, ti consigliamo di controllare la pressione dei

pneumatici **ogni fine settimana** , ci vogliono solo un paio di minuti.Lo Xiaomi M365 monta ruote da 8,5 x 2 pollici sono classificati per un **massimo di 50 PSI** (come indicato sui loro fianchi) e che far funzionare lo pneumatico oltre questo è a rischio degli utenti finali. , la pressione dei pneumatici aumenta con l'attrito durante l'uso, quindi i valori più alti impostati su uno pneumatico "freddo"

successivamente utilizzato in una giornata calda aumenteranno ulteriormente.

Gli pneumatici possono sembrare "più duri" quando gonfiati a pressioni più elevate, ma se corrono all'interno della loro finestra di progettazione assorbiranno gli urti di varie dimensioni meglio di quando sono gonfiati. Tuttavia, la superficie di contatto più ampia risultante da una pressione inferiore può essere utile su terreni accidentati o bagnati, dove può aumentare il livello di aderenza. In conclusione, le pressioni dipendono sia dall'attrezzatura che dalle condizioni. A causa delle peculiarità del design dello scooter, gonfiare gli pneumatici non è sempre semplice. Sia lo Xiaomi M365 che L8F includono **tubi di prolunga per valvole.** Giustamente, mentre la corretta pressione degli pneumatici può ridurre la probabilità di forature, **non le previene** . Se attraversi regolarmente chiodi, vetri rotti o rocce appuntite, potresti prendere in considerazione la possibilità di sostituire gli pneumatici con quelli in gomma piena; Ma essere consapevoli questo è spesso

a discapito sia della **gomma** e della **qualità di marcia** .Suggeriamo invece di aggiungere un **sigillante per pneumatici** agli pneumatici di serie. Questa pasta densa viene aggiunta tramite la valvola ed è presente nello pneumatico gonfiato, pronto per essere estratto e

polimerizzato, riempiendo eventuali fori di perforazione creati da oggetti estranei. Si noti che i sigillanti per pneumatici aggiungono massa allo pneumatico e influenzeranno (solo marginalmente) l'autonomia dello scooter. Esistono sia per pneumatici Tubeless che per modelli a camera d'aria.

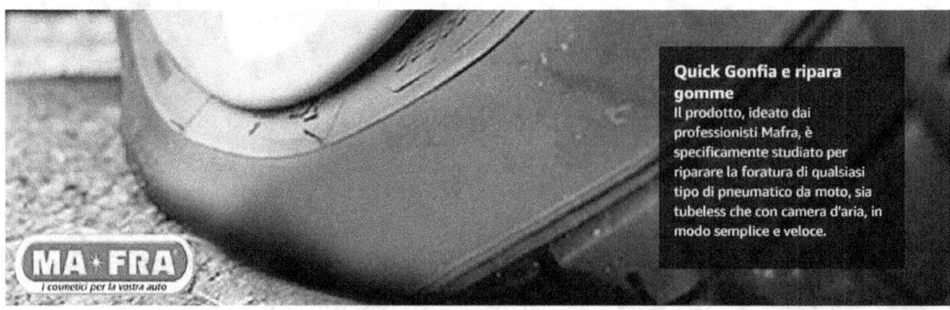

Spray per la riparazione di tutte le forature

Può capitare di avere un imprevisto e forare la ruota della propria moto: avere QUICK in queste situazioni è **sinonimo di sicurezza e tranquillità.**

Il prodotto, **pratico e veloce** da utilizzare, permette di riparare il pneumatico senza dover rimuovere la ruota forata e rischiare di sporcarsi.

QUICK è un prodotto utile, **da portare sempre con sé**, di piccole dimensioni, capace di stare in qualsiasi borsa o nel vano sottosella.

Riparazione semplice ed immediata

- Efficace nel suo intervento, QUICK, grazie alla miscela interna lattice-propellente, riesce a portare velocemente in pressione lo pneumatico e ad otturarne il foro.

- Per una diffusione più omogenea del prodotto è consigliabile ripartire immediatamente dopo averlo erogato, in modo che sia il rotolamento dello pneumatico stesso a stabilizzare la miscela liquida direttamente sulle pareti.

Compatibilità Universale

Compatibile con smartphone da 4,7-6,8 pollici

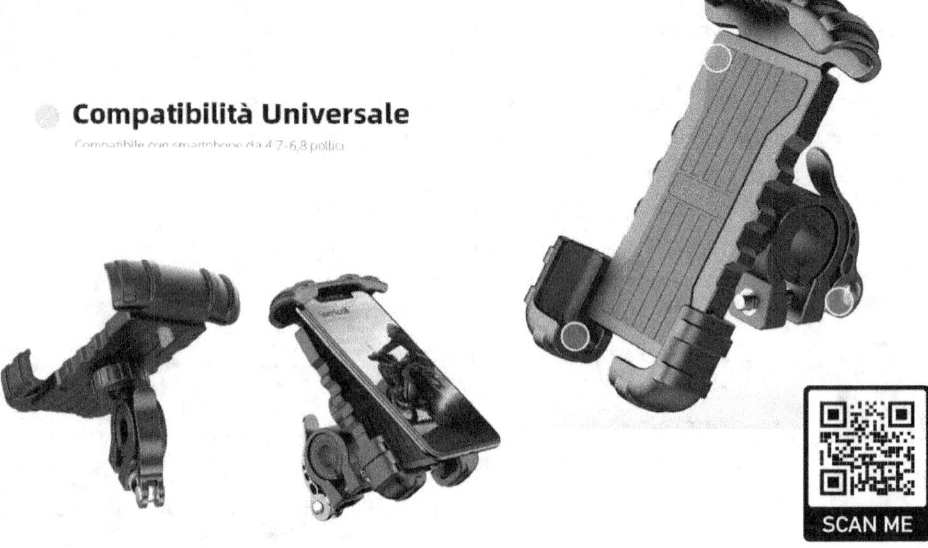

Andiamo a questo Gilet riscaldato, bello e molto
funzionale, ti aiuterà nei viaggi invernali e autunnali,
grazie alla porta USB e la tasca interna ti trasformerà
l'energia elettrica di un Powerbank in calore sia sulla
parte anteriore che posteriore. Riscaldamento Rapido
entro 1-3 secondi, 5 cuscinetti riscaldanti ti riscalderanno
fino a 60-65 °C / 149 °F sulle aree centrali del corpo (vita
sinistra, vita destra, fianco sinistro, fianco destro e metà
schiena) per farti sentire caldo a 360 °. 3 Le impostazioni
disponibili possono essere regolate sui livelli di temperatura
tramite le luci LED del pulsante, rosso- (60-65 °C / 149 °F), bianco
(50-55°C / 131 °F), blu- (40-45 °C / 113 °F)

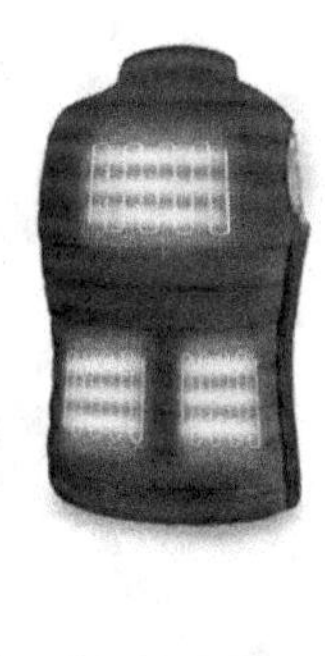

leggero

Alimentato
tramite USB

5 zone di
riscaldamento

lavabile a
mano in lavatrice

materiale delicato
sulla pelle

3 livelli di
riscaldamento

Risparmia spazio

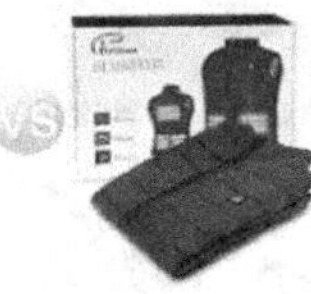

TAGLIA PELLE E REGOLABILE

- Caratterizzato da design trapuntato, tessuto
  isolante e rivestimento interno fine per
  comfort e calore senza restrizioni in
  autunno e inverno. La cerniera laterale
  consente di regolare la misura della vita del
  gilet riscaldato secondo necessità.

LEGGERO E COMPATTO

- Il gilet riscaldato può aiutarti a stare al
  caldo facilmente senza abiti invernali
  ingombranti. Perfetto per tutti i tipi di
  attività invernali e spostamenti quotidiani,
  come motoslitta, campeggio, sci, pesca,
  caccia ecc.

RESISTENTE ALL'ACQUA E AL VENTO

- Questo gilet riscaldante realizzato in fibra di
  carbonio leggera, supporta mano / lavatrice
  / lavaggio a secco. Comodo e morbido al
  tatto, calore per durare tutto l'inverno senza
  l'ingombro del cappotto pesante È un buon
  regalo per anziani, famiglie o amici.

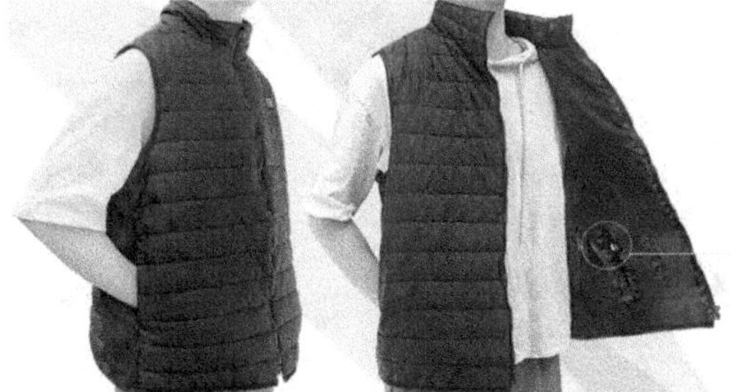

tasca interna della batteria
facile mettere il tuo power bank

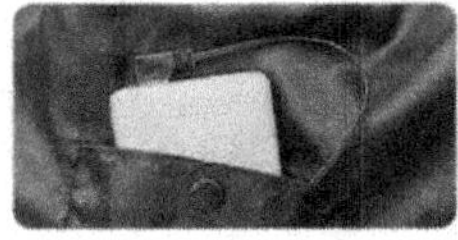

Il casco non può mancarti! Se non hai un normale casco da moto allora vai a vedere quanti modelli esistono in commercio. I caschetti per monopattino/bici elettrica sono molto piu piccoli e compatti di quelli utilizzati su moto e scooter. Questo in QR code ha anche le luci posteriori per permetterti di essere visto anche a distanza.

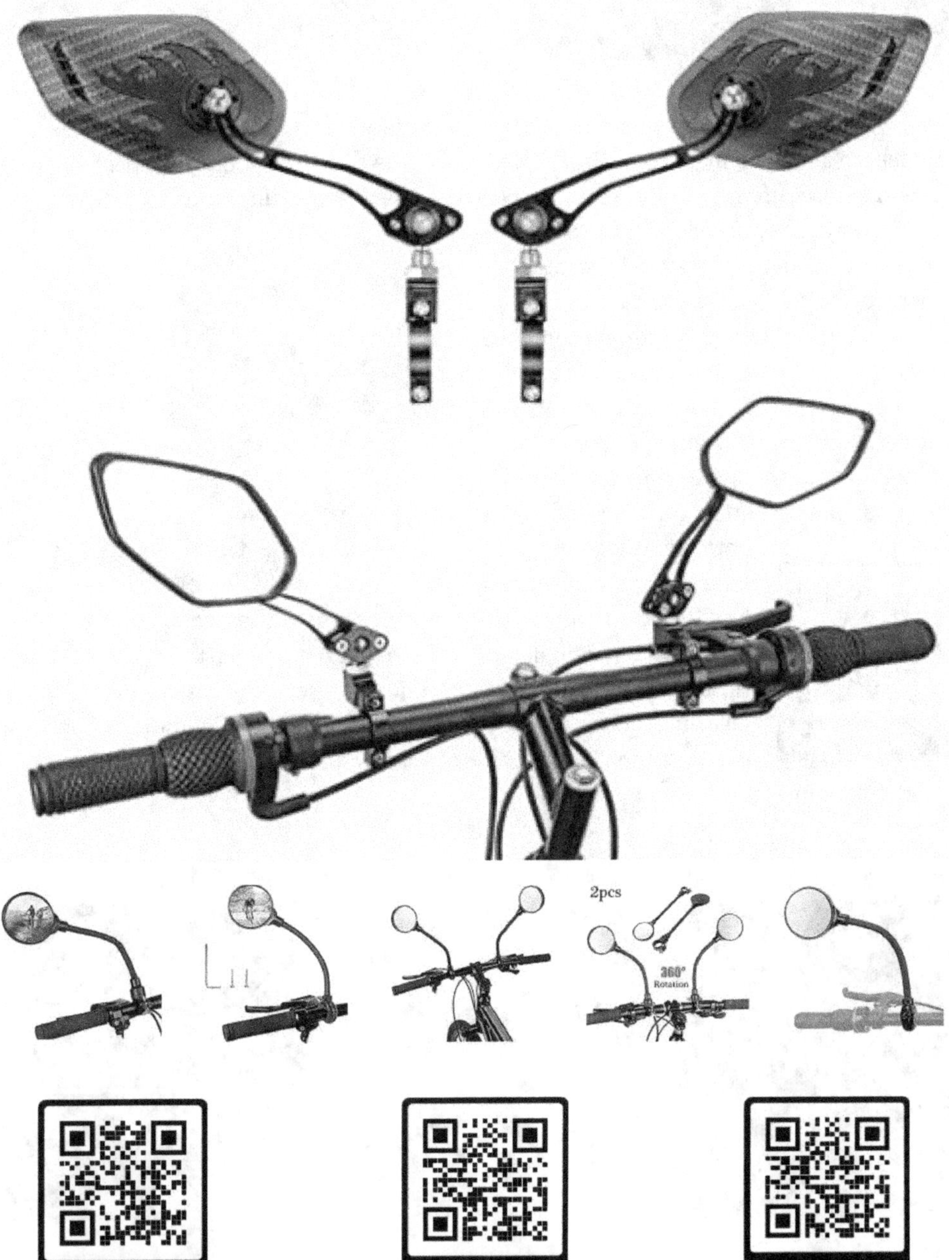
2pcs
360°
Rotation
SCAN ME
SCAN ME
SCAN ME

Winglights mag sono frecce per biciclette realizzate in solido alluminio, da installare ai lati del manubrio. Grazie al loro sistema di montaggio mangetico posso essere rimosse con un semplice gesto e conservate in un pratico portachiavi, prevenendone il furto nei momenti in cui la bicicletta e' lasciata incustodita. Semplicissime da usare, si accendono e si spengono con un semplice tocco del palmo della mano e nel caso in cui vengano dimenticate accese o accese accidentalmente durante il trasporto, il timer interno spengera' le frecce dopo 45 secondi, prevenendo consumi inutili delle batterie. Winglights emettono una potente

luce arancione pulsante, in modo del tutto analogo agli indicatori direzionali luminosi dei mezzi di trasporto motorizzati, riproducendone intensita e frequenza. Robuste, resistenti all'acqua, completamente costruite in alluminio, quindi a prova d'urto, sono l'ideale per viaggiare sicuri in bicicletta, in particolare in citta estremamente trafficate.

Le caratteristiche di impermeabilità e anticorrosione prolungano la durata del fermo.

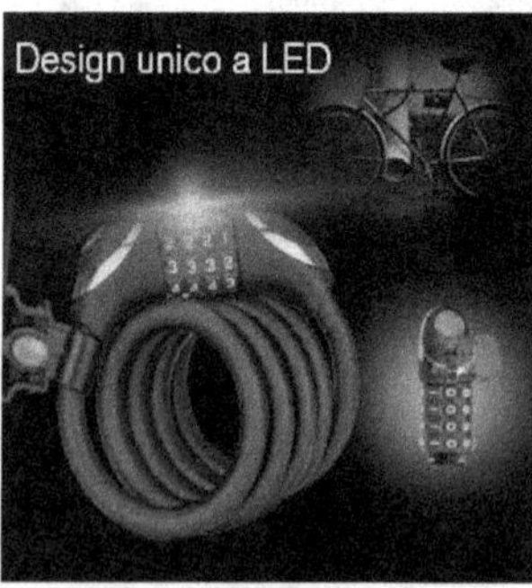

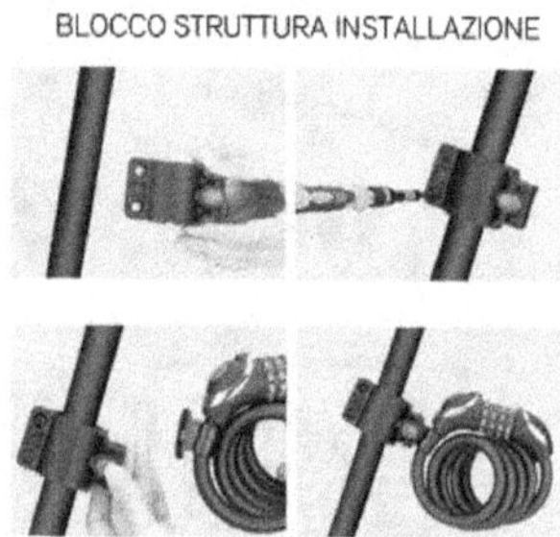

Progettato con luce notturna a LED

La luce a LED con batteria integrata, è possibile vedere chiaramente la password nell'ambiente buio.

Accendi la luce cinque volte al giorno per 15 secondi ciascuna, che può essere utilizzata per 10 anni senza cambiare la batteria.

Installazione del telaio di chiusura

Posizionare il telaio di chiusura nel tubo del sedile

Stringere la vite di bloccaggio

Premere il pulsante e impostare il blocco

L'installazione è completa

Ampia applicazione

Il lucchetto può essere lungo fino a 1,25 m Ideale per biciclette e molti altri oggetti che si desidera bloccare.

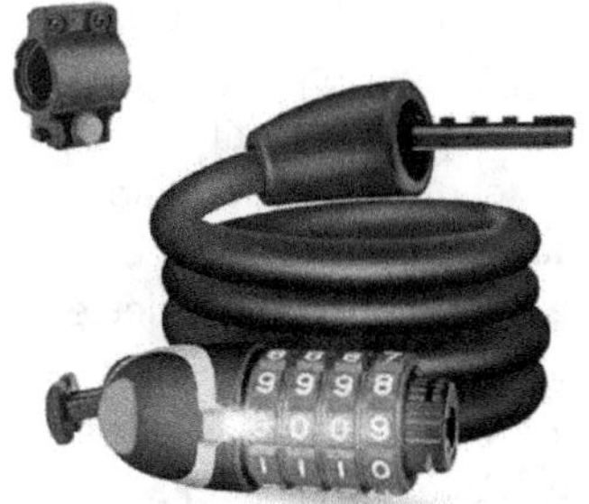

Luce Notturna a LED: Questo blocco bici è dotato di luce a LED, basta premere il pulsante, è possibile vedere chiaramente la password in un ambiente buio. È molto pratico e utile. La luce si spegnerà automaticamente dopo 15 secondi.

Combinazione a 4 cifre: Progettato con un livello di password a 4 bit, più di 10000 combinazioni, è difficile per il ladro aprirlo, che è una soluzione perfetta per proteggere la sicurezza dei vostri oggetti di valore.

Non Infrangibile e Durevole: Cavi flessibili in acciaio con diametro integrato, sufficientemente spessi e sufficientemente resistenti per una forte resistenza al taglio. Il rivestimento in PVC aiuta a prevenire graffi e a mantenere una maggiore durata, inoltre non si spezzerà a basse o alte temperature, rendendo il blocco facile e persistente.

Applicazione: Il lucchetto può allungarsi fino a 1,25 m di lunghezza. Ideale per biciclette e molti altri oggetti che si desidera bloccare. Il lucchetto per bici di alta qualità proteggerà la tua sicurezza di oggetti di valore.

Impermeabile e Facile da Trasportare: Il rivestimento in PVC rende il nostro cavo per lucchetto per bici resistente agli ambienti più difficili. Il nostro lucchetto per bici dotato di un supporto di fissaggio che lo ha reso può essere fissato sugli assi della bicicletta, molto comodo da trasportare quando si pedala.

- PARTICOLARMENTE LEGGERO – il peso molto contenuto del lucchetto pieghevole, solo 690 grammi, consente piacevoli passeggiate in bicicletta senza il peso di un carico inutile, lo noterai ad ogni viaggio; si prega di notare la lunghezza compatta di soli 70 cm di questo lucchetto
- SICUREZZA NEI VIAGGI IN BICICLETTA – a differenza di molti altri lucchetti pieghevoli leggeri, il lucchetto KOHLBURG è realizzato in acciaio temprato che garantisce una solida protezione; è anche dotato di un rivestimento bicomponente per proteggere la vernice della tua bicicletta
  - DIMENSIONE COMPATTA – con la sua lunghezza di 70 cm (aperto), è molto adatto per attaccare le tue cose a oggetti fissi; questo lucchetto pieghevole non è il più lungo sul mercato, ma è uno dei più leggeri nella propria categoria

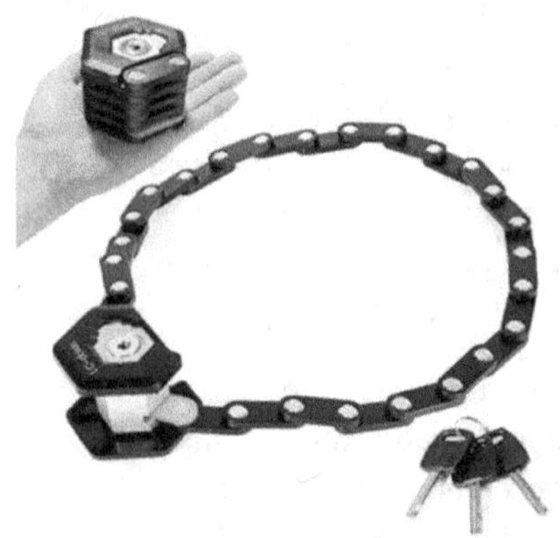

- CON PRATICO FISSAGGIO – il lucchetto è dotato di un pratico fissaggio per telai tondi, non è necessario forare il telaio! ii possono utilizzare anche i fori già esistenti del portaborracce; adatto come lucchetto per ciclomotori, e-bike, bici da turismo, mountain bike e rimorchi per biciclette, nonché come lucchetto per biciclette
- LUCCHETTO SENZA VIBRAZIONI – grazie alla precisa fabbricazione dei collegamenti della serratura mobile, questo lucchetto pieghevole non emette alcun rumore durante la guida; tieni presente che questo lucchetto da viaggio è stato progettato per essere particolarmente leggero e compatto, e che è quindi lungo solo 70 cm!

SCAN ME

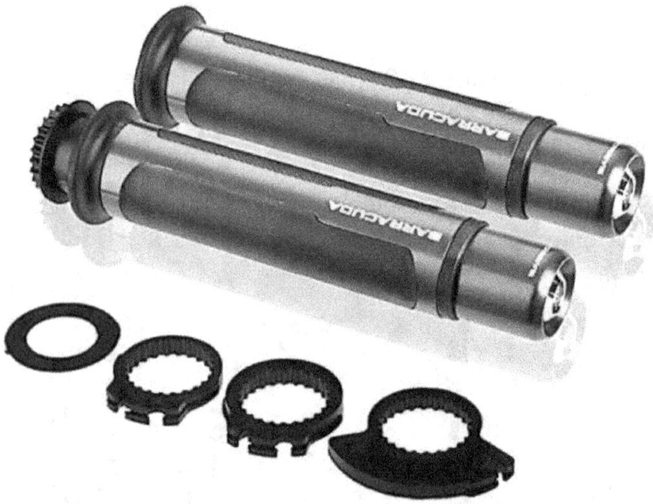

SCAN ME

SCAN ME

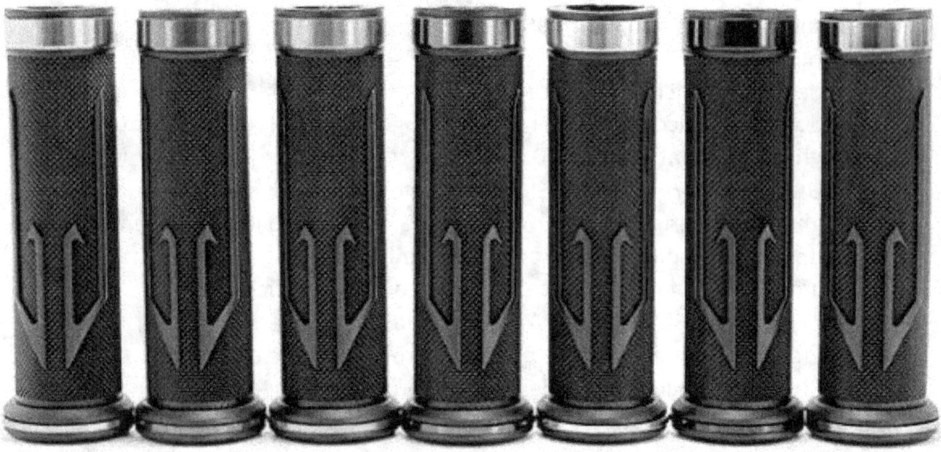

SCAN ME

Specifiche:

Materiale: plastica.
Parametri tecnici dell'host:
Tensione: 5 V.
Temperatura di stoccaggio: da -30 °C a 85 °C.
Temperatura di funzionamento: da -20 °C a 80 °C.
Parametri tecnici del sensore:
Temperatura di stoccaggio: da -30 °C a 85 °C.
Temperatura di funzionamento: da -20 °C a 80 °C.
Precisione della temperatura: ± 3 °C.
Gamma di pressione: 0-6,0 bar.

Precisione di pressione: ± 0,1 bar.
Potenza di trasmissione: ≤ 10 dBm.
Frequenza: 433,92 MHz ± 20,00 MHz.
Dimensioni: 5 x 5 cm.
Dimensioni della confezione: 18 x 13 x 4,5 cm.
Peso della confezione: 230 g.

Specifiche:

* Display digitale LCD, aspetto bello e compatto.
* Due round di test contemporaneamente, una schermata della pressione e della temperatura dei pneumatici.
* Le unità di pressione pneumatici Psi e Bar possono essere commutate arbitrariamente, il che è universale in tutto il mondo.
* Valore di allarme di pressione regolabile, adatto a diversi modelli di due ruote.
* Porta di ricarica USB magnetica per la ricarica rapida di dispositivi mobili in qualsiasi momento
* 7 modalità di allarme: allarme di perdita d'aria, allarme di bassa pressione, allarme di alta pressione allarme di alta temperatura, allarme di batteria scarica del sensore, allarme di assenza di segnale, allarme di batteria scarica del ricevitore .

Package List

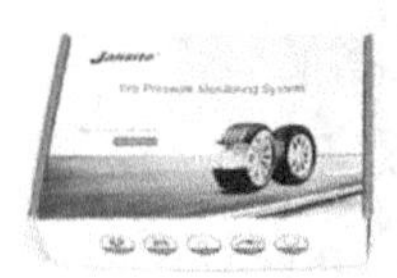

Fai attenzione ai prodotti commerciali, esistono centinaia di prodotti sia su Ebay che su Amazon e ancora di piu sugli store cinesi, Aliexspress,Alibaba,Wish che SONO FALSI. Si sono totalmente falsi! Delle truffe belle e buone! Vai a vedere il mio video dove te ne faccio vedere una smontata.I produttori cinesi hanno il vizio di scrivere dei valori falsi in etichetta e di utilizzare celle litio 18650 o anche 21700 o ancora 26650 riempite di sabbia per fare peso. Ovviamente non tutti i produttori e venditori si sporcano così la loro fama, ma tanti lo fanno e basta davvero poco per imbattersi in loro. Non credere a valori di capacità mah alti come quelli in queste foto. Sono valori gonfiati anche 10 volte piu del reale. Una batteria di qualità deve avere un prezzo non indifferente (ovviamente dentro agli standard) le celle di qualità hanno un costo come materia prima superiore alle celle low cost cinesi, poi una BMS di qualità costa forse anche il 60% in piu di una Bms commerciale standard. Il tutto cade sul prezzo delle batterie. Se vedi batterie con spedizione gratuita dalla Cina che hanno prezzi troppo bassi per essere vero e con valori di Mah altissimi .Sei d'avanti a una batteria FALSA

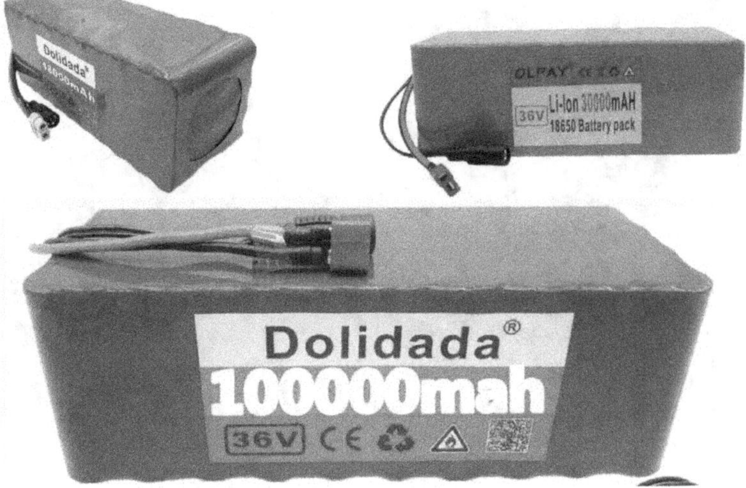

Peso:	33.5 Kg
Velocità max:	65 km/h
Batteria:	Ioni di Litio 60V 25.6 Ah (LG)
Trasmissione:	Doppio motore brushless 1300W
Tempo di carica:	13.5 ore
Autonomia:	110 km
Luci:	Anteriore e Posteriore
Freni:	Ant. e Post a tamburo
Gomme:	Pneumatiche con camera d'aria da 10" pollici
Portata max:	120 kg
Materiali:	Alluminio 6061 T6
LCD Display:	Nuovo con funzioni Illuminato

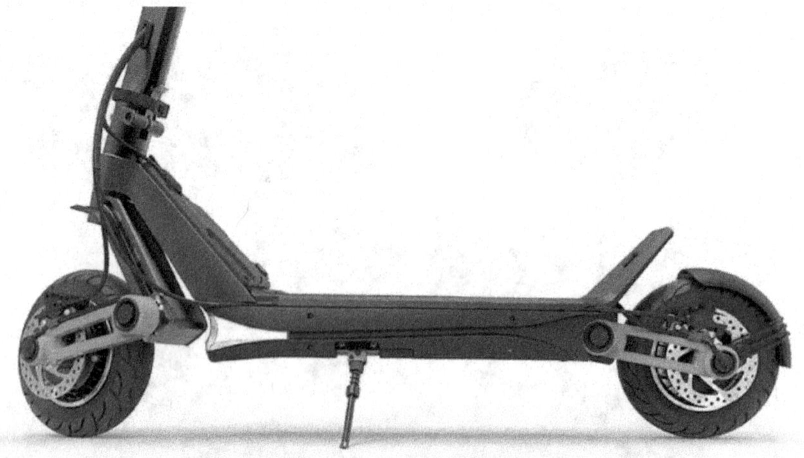

Dimensioni:	L	P	A
Aperto	122 cm	59 cm	130 cm
Chiuso	122 cm	59 cm	54 cm

MACURY 3200w

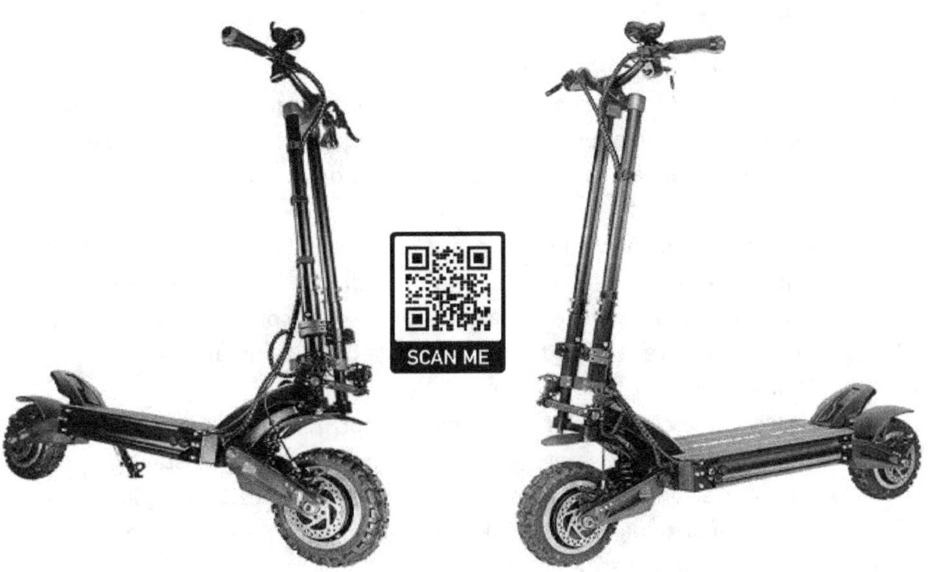

* **Potenza motore:** 3200 Watt (2x1600 Watt) Potenza istantanea Max a 6400 W, Distanza massima di guida: 150 km / 190 km, Velocità massima di guida: 110 km / h

* **Peso scooter** : 57 kg, pneumatico fuoristrada da 11 pollici, commutazione motore singolo / doppio, freno idraulico

* **Carico sicuro:** 200 kg, doppio controller, batteria: batteria al litio 72Volts 26 / 32Ah 18650

* Doppio ammortizzatore a 55 gradi, 3s Quick-Folding, IP5 Waterproof, Anti-warning, Modalità risparmio energetico, Doppia interfaccia di ricarica (ricarica più veloce)

* 4 Luce freno * (peso diverso, strada diversa, influenzerà la distanza e la velocità)

GUNAI 5400w

- 【PNEUMATICI FUORISTRADA ULTRA LARGHI】 Il pneumatico per vuoto fuoristrada da 11 pollici può funzionare con un'aderenza elevata su strada sterrata, per affrontare facilmente qualsiasi terreno. E facile scalare qualsiasi pendenza che probabilmente incontri.

- 【Proiettori e display con quadrante HD】 Doppi fari a LED Con un design di illuminazione grandangolare, la gamma di illuminazione è più ampia e più ampia. È più favorevole alla guida di notte. Display con quadrante HD, può regolare la velocità, controllare la potenza rimanente, la distanza di guida e altri parametri.

- 【AMMORTIZZAZIONE】 Con doppio ammortizzatore idraulico anteriore e posteriore, ammortizzatore idraulico anteriore a lunga distanza, ammortizzazione idraulica ammortizzatore posteriore di alta gamma. Esperienza di guida confortevole, capacità di affrontare condizioni stradali più complesse.

- 【5600W DOPPIO MOTORE】 Due motori indipendenti da 2800 W spingono l'e-scooter a una velocità massima di 85 km/h; la batteria a 60V 32Ah con una capacità maggiore offre una portata massima fino a 120 km e il periodo di ricarica è entro 6-8 ore.

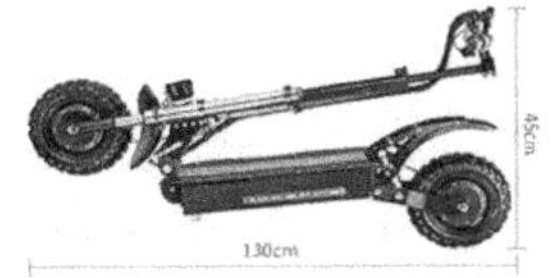

Pneumatico per Vuoto Fuoristrada da 11 Pollici

I pneumatici fuoristrada da 11 pollici possono funzionare con un'aderenza elevata sulla strada sterrata. È facile da scalare su qualsiasi pendenza che probabilmente incontri. Pneumatico sotto vuoto antideflagrante per fuoristrada, maggiore capacità portante.

Pieghevole e Portatile

L'interruttore pieghevole di grandi dimensioni che può aprirsi e piegarsi in 3 secondi, con le maniglie sulla ruota posteriore, può sollevare direttamente l'auto dal bagagliaio più veloce e più facile da spostare.

Sistema di Assorbimento Degli Urti

Doppio livello di corsa della locomotiva superiore con ammortizzatore anteriore idraulico, ammortizzazione idraulica superiore ammortizzante posteriore, che può conquistare le colline di montagna.

Doppio Faro a LED e Luce Laterale

Angolo regolabile dei doppi fari a LED, la gamma di illuminazione è più ampia e più lontana. È più utile per guidare di notte , Con il design della luce di marcia a LED è più bello. Tieni la sicurezza di guidare di notte.

Freno a Disco Idraulico+Freno Elettronico

Design del freno a doppio disco anteriore e posteriore per una frenata efficiente e una risposta rapida. Il processo di frenata può essere completato con una sola forza leggera, offrendo un effetto frenante più rapido e sicuro.

Potente Doppio Motore da 5400W

Due motori brushless ad alta velocità indipendenti da 2700 W, batteria al litio da 60 V 32Ah, potente e facile da scalare, l'autonomia è di circa 110-130 km, velocità fino a 85 km/h.

Luci di Segnalazione di Svolta di Sicurezza

Le luci di svolta guidate a sinistra e a destra forniscono protezione per la sicurezza di guida e forniscono informazioni dinamiche alla parte posteriore quando cambiano corsia, in modo che le persone conoscano in anticipo il movimento della vettura ed esprimano giudizi corretti.

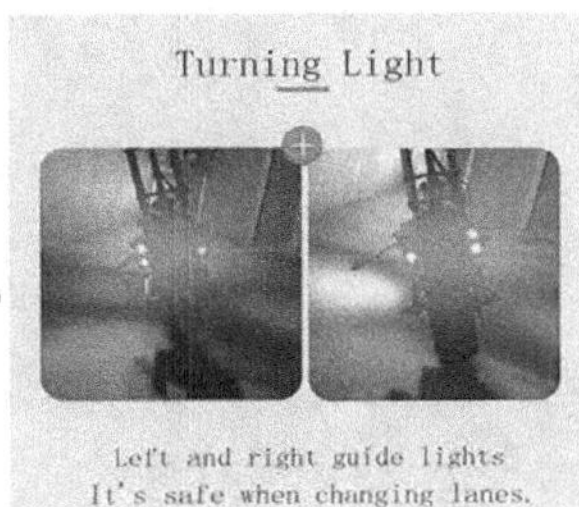

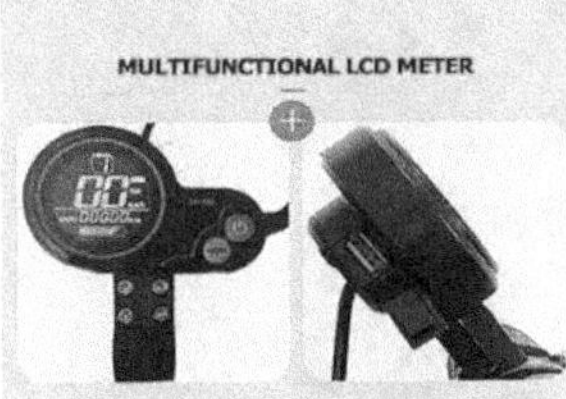

Esposimetro LCD Multifunzione con Ricarica USB

Il display multifunzione LCD, che può regolare la velocità, controlla la potenza rimanente, la distanza di guida e altri parametri. Con porta di ricarica USB, comodo per ricaricare sempre e ovunque, resistenza alle alte temperature, resistenza ai cortocircuiti.

Precauzioni:

- 1. Ai principianti o agli anziani è vietato utilizzare la modalità ad alta velocità e la modalità a doppia unità.
- 2. In discesa proibisce l'accelerazione.
- 3. Non toccare le parti del motore o del freno, è facile ferire.
- 4. Verificare che la posizione di piegatura sia fissa prima di guidare.

Descrizione:

- Parametri Batteria: 60V 32Ah
- Peso del veicolo: 40kg
- Altezza del telaio: 21cm
- Carico massimo: 150kg
- Dimensioni spiegate: 123*28*130cm
- Dimensioni pieghevoli: 130*28*45cm
- Controller: doppio controller 60V45A
- Charger: 2 x 3A charger(dual charging port)

GUNAI 5600w

- Pneumatico fuoristrada? 11 pollici fuoristrada pneumatico antideflagrante vuoto, portata forte, migliore effetto di assorbimento degli urti, forte aderenza, guida sicura e confortevole.
- Assorbimento di scossa? 11 pollici pneumatici off-road, che può conquistare le colline di montagna, corsa in strada di città è anche molto confortevole. i due negozi supporto ammortizzanti, che esercita il massimo effetto ammortizzante di assorbimento degli urti.
- motore brushless ad alta velocità High Performance ?? 5600W, 60V 30AH batteria al litio, potente e facile da scalare, driving range è di circa 100-110km, velocità fino a 80 chilometri all'ora.
- PIEGHEVOLE SCOOTER? Lo scooter elettrico portatile piega e si può piegare facilmente, facile da piegare il design, questo è un buon trasporto personale, lo scooter può essere rapidamente ripiegato per la conservazione in casa, in ufficio o nel bagagliaio, fornendo una nuova stile di vita, come il dispositivo di trasporto ideale per l'uso quotidiano.

Parametri del prodotto:

- Materiale: lega di alluminio + ferro
- Velocità massima: 85 km/h
- Distanza in auto: 100-110km
- Capacità della batteria: 60V 30Ah
- Potenza motore: 5600W.
- Modalità di frenatura: freno olio idraulico
- Carico massimo: 150 kg
- Peso del prodotto: 60,5 kg
- Salita massima: 45-65 gradi

Precauzioni:

- 1. Ai principianti è vietato utilizzare la modalità ad alta velocità e la modalità a doppia unità.
- 2. In discesa proibisce l'accelerazione.
- 3. Non toccare le parti del motore o del freno, è facile ferire.
- 4. Verificare che la posizione di piegatura sia fissa prima di guidare.

Multi-function Display

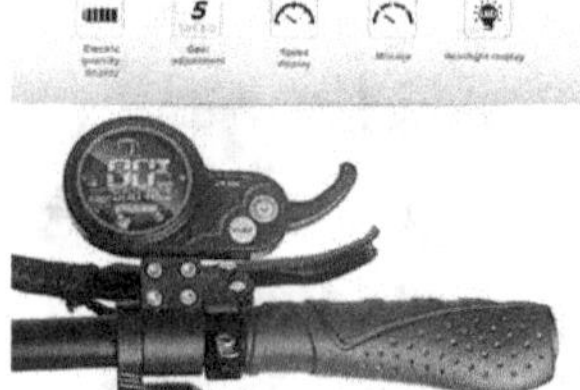

Il manubrio anteriore e display multifunzione

Il manubrio è progettato ergonomicamente per renderli più comodi da tenere in mano. Display con quadrante HD, può regolare la velocità, controllare la potenza residua, la distanza di guida e altri parametri. Ideale per l'utilizzo con una sola mano, facilitando la visualizzazione e il funzionamento durante la guida.

Perché scegliere il nostro scooter elettrico GN12?

GUNAI scooter elettrico con doppio motore da 5600 W Pneumatici da 11 pollici per fuoristrada, Scooter pieghevole con doppio freno a disco con batteria al litio da 60V 30Ah, con un design dell'illuminazione grandangolare, la gamma di illuminazione è più ampia e più lontana. Dispositivo di smorzamento doppio, con pressione idraulica e elevato assorbimento degli urti elastici della molla, esperienza di guida confortevole, capacità di affrontare condizioni stradali più complesse.

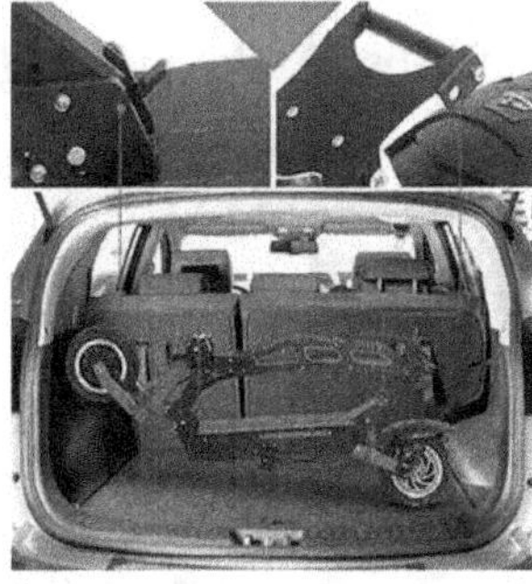

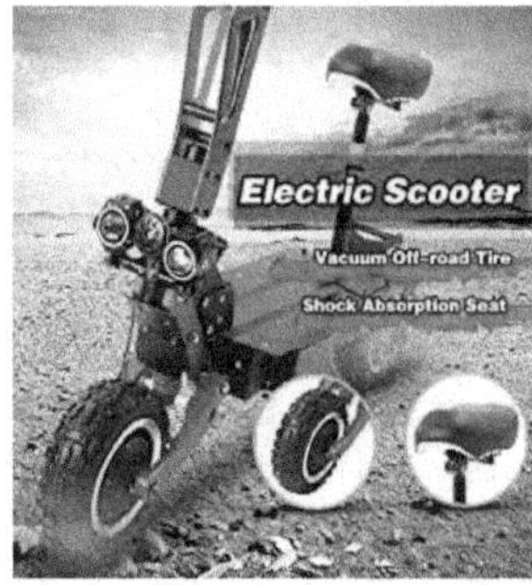

Faro a lungo raggio e lampada laterale a LED

Con il design dell'illuminazione grandangolare, la gamma di illuminazione è più ampia e più ampia. È più utile per guidare di notte, Con la luce di marcia a LED il design è più bello. Tieni la sicurezza di guidare di notte.

Design portatile pieghevole

Il telaio è ispessito con il corpo in lega di alluminio, aperto e piegato in 3 secondi, potrebbe essere preso dentro e fuori dall'ascensore o messo nel bagagliaio dell'auto. Adatto a uomini / donne che lavorano pendolarismo e viaggi in centro.

Pneumatici fuoristrada ultra larghi

I pneumatici fuoristrada da 11 pollici possono funzionare con un'aderenza elevata sulla strada sterrata. E facile da scalare su qualsiasi pendenza che probabilmente incontri. Pneumatico sotto vuoto antideflagrante per fuoristrada, maggiore capacità portante.

Assorbimento degli urti anteriore e posteriore

Anche il pneumatico fuoristrada da 11 pollici, che può conquistare le colline montane, è molto comodo sulla strada della città. I due negozi di supporto ammortizzanti, che esercitano il massimo effetto ammortizzante dell'assorbimento degli urti.

Freno dell'olio idraulico

L'effetto frenante è molto sensibile e la velocità di frenata è molto elevata. Il processo di frenata può essere completato con una forza leggera, offrendo un effetto frenante più rapido e sicuro.

5600W Doppio motore ad alte prestazioni

Due motori brushless indipendenti da 2800W ad alta velocità, batteria al litio da 60V 30Ah, potente e facile da scalare, l'autonomia è di circa 100-110km, velocità fino a 80 km/h.

DOMANDE/RISPOSTE

QUANTO TEMPO DEVE STARE SOTTO CARICA IL MONOPATTINO?

Il monopattino elettrico deve stare in carica il tempo effettivo per la sua carica totale,la spia luminosa sul carica batterie verde ti dice che la ricarica è finita.

COME POSSO AUMENTARE L'AUTONOMIA?

Sostituendo la batteria con una che abbia piu Ah/wh o in alternativa installando due batterie in parallelo

PESO 130KG ESISTONO MONOPATTINI ADATTI A ME?

Certamente ,anche se valutando le disponibilità attuali del mercato e le regolamentazioni se vuoi un monopattino 100% in regola devi prendere un 500w. Se vuoi invece andare off road o in strade private esistono come hai visto in precedenza monopattini molto piu alta oltre i 1000/3000w.

SE MONTO DUE BATTERIE COME LE RICARICO?

Dipende dal tipo di batterie,se hanno i connettori di ricarica esterni puoi ricaricarli sia singolarmente con due caricabatterie,o in alternativa,se fai un circuito ad DOC e due batterie con ingressi/uscite in comune puoi ricaricarle in contemporanea con unico caricabatterie ma di potenza ovviamente piu alta.

PER MONTARE UN LED A 12V BASTA USARE UN TRASFORMATORE DA 48V A 12V?

Corretto,esistono tanti convertitori dcdc stepDown in commercio, adotta quello che piu ti piace e che abbia le caratteristiche che ti servono (occhio a cortocircuiti e sovraccorenti)

POSSO INSTALLARE AL MIO MONOPATTINO RUOTE PIU GRANDI?

Si,molti oggi fanno questa modifica,grazie alla vasta gamma di accessori online e ai prezzi molto accessibili ove si voglia è sempre possibile (a meno che la forma del monopattino e gli spazi non lo permettano) possibile installare ruote piu grandi.

CONSIGLI UTILIZZARE SUL MIO XIAOMI 365 (RITA ADAPTER)?

E' una buona e versatile schedina,pare fatta davvero bene,la vedremo nelle prossime pagine!

Hai domande? Inviale alla mia pagina Facebook o tramite instagram o ancora nei video di Youtube, organizzero dei video dedicaticati FOX RISPONDE , Dove risponderò a tutte le vostre domande!

Parliamo a grande richiesta del controller di Paralleli RITA ADAPTER,questo controller nasce per un uso Plug (cioè veloce e semplice da installare) sui monopattini Xiaomi. È una schedina di pochi centimetri che ha in corredo tanti connettori, questa board ti permette di cablare due batterie in parallelo per aumentare l'autonomia e anche le prestazioni del tuo monopattino elettrico.

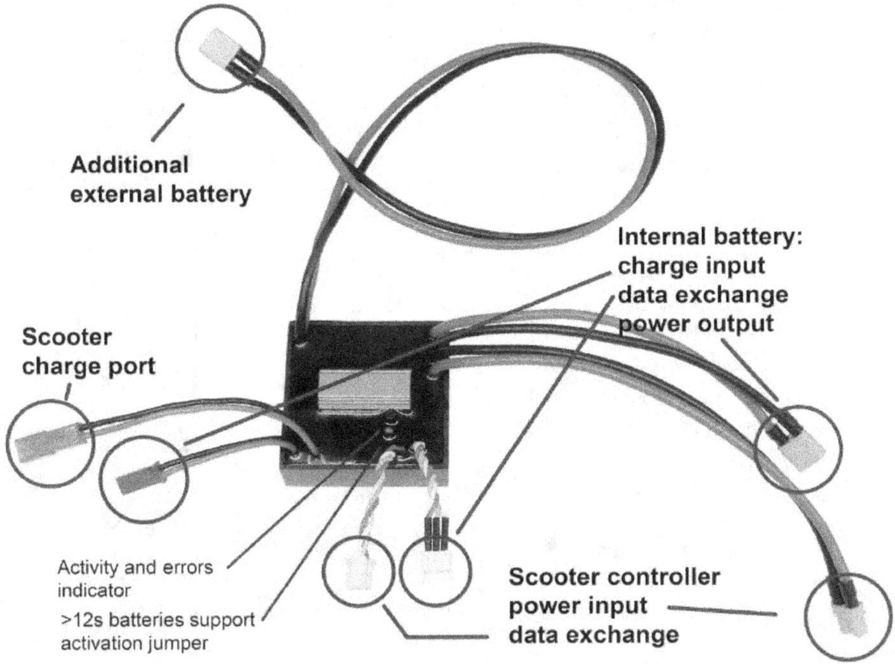

Ecco I '"Adattatore universale per collegamento hot-plug di batterie esterne aggiuntive" o, insomma, Rita. La prima caratteristica fondamentale del dispositivo è la possibilità di collegare e scollegare una batteria aggiuntiva in qualsiasi momento, indipendentemente dal livello di carica e dal livello di scarica della batteria interna. Non è necessario allineare la tensione della batteria prima di collegare una batteria aggiuntiva.La seconda caratteristica fondamentale del dispositivo è che la batteria aggiuntiva non solo può essere ricaricata di più e per questo ha una tensione più elevata, ma può anche avere una configurazione di voltaggio più alta, ad esempio 12 o 15S, che possono aumentare notevolmente la velocità dello scooter, fino a 45 km / h

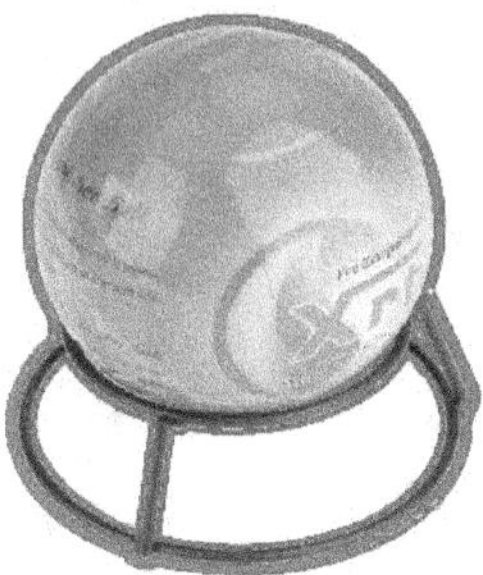

RIVENDITORI AFFILIATI

Negozio esclusiivamente online/E-commerce

E' iscritto al corso BatteryMaker ed
è un costruttore/riparatore TOP di
Batterie litio personalizzate

motoriamo
ELECTRIC BIKE AND SCOOTER SHARING

Messina

MotoriAmo Srls Via Cesare Battisti n 63 98122 Messina
Mail motoriamosrls@gmail.com
Cell +39 346 8052957
Tel ufficio +39 090 9572251

 BIKE&MOB

Roma

Bike and Mob s.a.s.
Via Giuseppe de Leva, 39 - 00179
Cell. 39 3792247017
Mail bikeandmob@gmail.com

  **BATTERY MAKER** Center

Modena

Sc Dayans Italian Fashion Srl
Cell. +39 3202592424
Tel.ufficio +40 748015533
Mail info@ebikelettrica.com

MKI PRO RUN
WWW.RUNBIKESTORE.IT

BATTERY MAKER Center

Maddaloni

Runbikestore.it
Via Matilde Serao 179 81024 Maddaloni
Campania
Tel.ufficio 0823 401610
Mail runbikemaddaloni@gmail.com

CENTRI ASSISTENZA TECNICA AFFILIATI

Città

LOGO

SPAZIO PUBBLICITARIO
DISPONIBILE CONTATTA
GF.ELETTRONICA@LIVE.IT

Qr-Code
Website

Città

LOGO

SPAZIO PUBBLICITARIO
DISPONIBILE CONTATTA
GF.ELETTRONICA@LIVE.IT

Qr-Code
Website

Città

LOGO

SPAZIO PUBBLICITARIO
DISPONIBILE CONTATTA
GF.ELETTRONICA@LIVE.IT

Qr-Code
Website

Città

LOGO

SPAZIO PUBBLICITARIO
DISPONIBILE CONTATTA
GF.ELETTRONICA@LIVE.IT

Qr-Code
Website

Città

LOGO

SPAZIO PUBBLICITARIO
DISPONIBILE CONTATTA
GF.ELETTRONICA@LIVE.IT

Qr-Code
Website

COLLABORIAMO PER MIGLIORARE

Hai trovato errori di battitura o incongruenze che vuoi segnalare? Invia per e-mail al Gf.elettronica@live.it la pagina e l'errore riscontrato, risolveremo in pochissimo!

VUOI PUBBLICIZZARE LA TUA ATTIVITA O I TUOI PRODOTTI/SERVIZI?

Il Manuale edizione 2021 è uno dei piu venduti in tutto il territorio nazionale e a breve anche internazionale, è in programma infatti di lanciare una versione in lingua inglese,Francese,Tedesco,Spagnolo,Russo. La vendita sarà sempre sul canale Online Amazon con spedizione Gratis Amazon prime. Milioni di potenziali clienti ti attendono! Il manuale viene aggiornato mensilmente e potrai in qualsiasi momento accedere con le tue promozioni ed offerte.

Invia richiesta per e-mail al Gf.elettronica@live.it

SERVIZIO CONSULENZA SEMPRE AL TUO SERVIZIO

Hai necessità di aiuto? Vuoi una consulenza con me o un tecnico esperto nel settore per risolvere un tuo problema? Prenota una consulenza dal canale E-mail o Facebook. In poche ore avrai tutte le risposte che cerchi!

Questa guida finisce qui,troverai tantissime altre informazioni su questo fantastico mondo sul mio canale youtube,prove,video recensioni e tanto altro, ti invito a lasciare un Feedback positivo cinque stelle e magari una foto, con un tuo commento su Amazon!

Non dimenticare che puoi trovare più fascicoli anche di altre tematiche direttamente Online sul sito ufficiale foxtech , spedizione veloce e gratuita grazie ad Amazon Prime!
E ricorda che gli unici fascicoli GFE sono questi!

Grazie di cuore